VERBORGENE WELTEN

Bildnachweis

Silhouette Mädchen: shutterstock (im Folgenden: sh)/Tatyana Vyc; Silhouette Junge: sh/Dmitry Lobanov; 8–9, 1.v.r.: sh/Jeka; 8–9, 2.v.r.: sh/Jeka; 8–9, 3.v.r.: sh/Jeka; 8–9, 4.v.r.: sh/Lopolo; 8–9, 5.v.r.: sh/Jeka; 8–9, 6.v.r.: sh/Jeka; 8–9, 7.v.r.: sh/Lopolo; 8–9, 8.v.r.: sh/Lopolo; 12 M.: sh/Alexxxey; 13 o.: Unsplash/Markus Spiske; 14 im Kreis: wp/Heinrich Harder/pd; 15 unten: wp/flickr/jasonwoodhead23; 15 r.o.: Lenovo; 15 l.u.: sh/xavier gallego morell; 15 r.u.: sh/Mark Nazh; 20 im Kreis: wp/Ballista; 21 u.: wp; 21 im Kreis: wp/Jutann Kisah; 27 r.o.: Pinterest/Nach einer Skulptur von Dennis Kimberly; 27 M.: wp/Nightflyer; 28 im Kreis: wp/Eamezaga; 29 im Kreis: wp/Jonathan Chen; 30 M. l.: wp/Robert Chambers/pd; 30 im Kreis: wp/Rainer Schoch; 31 r.o.: wp/mark byzewski; 32 r.o.: wp/Samuel Wendell Williston/pd; 33 l.o.: Biodiversity Heritage Library/pd; 33 r.o.: wp/pd; 41 M.: wp/Gerhard Heilmann/pd; 52 u.: wp/D. Gordon E. Robertson; 53 o.: wp/Zissoudisctrucker; 53 u.: Museum of the Rockies; 54 o.: wp/Tom Patterson, US National Park Service; 55 r. liegend: pixabay/Viergacht; 55 l. stehend: sh/DutchScenery; 55 M. stehend: Early Jurassic Theropoda Dinosaur Egg Fossil Replica; 55 l.o.: Model of Maiasaura nest, NHM London; 55 u.: sh/Maksim Shchur; 55 r.: pd; 63 M.o./M.r.: wp/Karen; 75 r.o.: pixabay/geralt; 76 o.: wp/James D. Dana/pd; 76 M.: wp/Pavel Riha; 76: Sibley, Hiram L./pd; 77 l.u.: wp/Brehms Thierleben/pd; 79 o.: wp/Espirat; 79 M.: wp/Leandro Kibisz; 79 u.: wp/Tim Bertelink; 82 u.: sh/junpiiiiiiiiiii; 83 im Kreis: wp/Daderot; 83 u.: wp/Paul Upchurch, Philip D. Mannion, Michael P. Taylor; 83 r.u.: NN; 84 o.: Victoria Regina Atlas, Political, Physical & Astronomical. Second Edition. 1906./Rumsey Collection; 85 im Kreis: wp/Eduard Solà; 86 im Rahmen: sh/Photomontage; 86 M.: sh/William Milner; 86 l.o.: sh/LuFeeTheBear; 86 l.u. (in Lupe): sh/Irina Magrelo; 87 r.: sh/designkida; 87 r.: sh/Vladimir Glazkov; 87 M.: sh/Alessandro Cristiano; 87 o.: sh/Skycolors; 87 u.: wp/Nils Knötschke; 92 l.u.: Deutsche Post AG; 92 l.M.: wp/pd; 92 r.u.: Gabinova; 93 1.v.l.: wp/RKO Nachf.; 93 2.v.l.: wp/ayustety; 93 3.v.l.: wp/Toho Company Ltd./pd; 93 4.v.l.: wp/HarshLight; 93: flickr/Kevein Dooley; 93 r.o.: Unsplash/Miguel Andrade

Der Verlag hat sich bemüht, die Rechte sämtlicher verwendeter **Abbildungen** sowie auch **Textzitate** mit den jeweiligen Rechteinhabern zu klären. Sollten Rechteinhaber berechtigte und nachweisbare Ansprüche anmelden wollen, bittet der Verlag sie um Kontaktaufnahme.

Die in diesem Buch präsentierten **Informationen und Sachtipps** wurden von der Autorin sowie dem Verlag sorgfältig recherchiert und geprüft. Die beteiligten Institutionen und Personen übernehmen dennoch keinerlei Verantwortung für eventuelle Folgen der Verwendung dieser Informationen und Sachtipps. Für Hinweise auf eventuelle Unrichtigkeiten ist der Verlag dankbar.

Konzept und Text: Karolin Küntzel, Gersthofen
Konzept und Lektorat: Lektoratsservice Sibylle Krämer, Bayreuth
Illustrationen: Franco Tempesta, Loreto
Layout-Konzeption und Typographie: Raffaele Anello, Berlin
Projektkoordination und -abwicklung: interconcept medienagentur, München
Druckvorstufe: Editors Genie | Udo Rehmann, Feldafing
Druck und Bindung: NEOGRAFIA, a.s., Martin-Priekopa
Printed in: Slovakia

MIX
Papier aus verantwortungsvollen Quellen
FSC
www.fsc.org
FSC® C020353

ISBN: 978-3-96808-000-0

Nachdruck	Druckjahr
6 5 4 3 2	2025 2024 2023 2022

KAROLIN KÜNTZEL

VERBORGENE WELT der DINOSAURIER

Illustrationen
Franco Tempesta

SOPHIE Verlag

INHALT

IM DINOSAURIER-MUSEUM

„Das ist so cool!“ Julian kann es noch gar nicht fassen, dass er nun endlich mit seiner Klasse im Dinosaurier-Museum zu Besuch ist. Seit Wochen hat er sich auf diesen Tag gefreut. Auch seine Freundin Enid strahlt und zeigt auf die Wandtafeln in der Eingangshalle.

„Schau mal, so viele verschiedene Dinos! Und manche waren echt riesig. Der hier sieht richtig gefährlich aus mit diesen spitzen Zähnen. Wie der wohl heißt?“

SCHRECKLICHE ECHSEN

Julian zieht Enid weiter. Er will zu den anderen in den Kinosaal, denn gleich beginnt ein Film über das Zeitalter der Dinosaurier. Das Licht im Kinosaal wird etwas dunkler. Musik und die heiseren Rufe von Tieren erfüllen den Raum. Ein Stampfen und Dröhnen ist zu hören, und Enid hat fast das Gefühl, als würde die Erde beben von den schweren Tritten der Dinosaurier, die auf der Leinwand erscheinen. Dann wird ein Mann sichtbar. Er stellt sich vor. „Hallo zusammen! Ich bin Henri Johns und ich leite dieses Museum. Von Beruf bin ich Paläontologe. So nennt man einen Wissenschaftler, der sich mit den Überresten von Pflanzen und Tieren längst vergangener Erdzeitalter beschäftigt. Ich kenne mich gut mit den ‚schrecklichen Echsen', also den Dinosauriern, aus. Wann und wo diese Tiere lebten und wie sie sich entwickelten, erzähle ich euch in diesem Film. Begleitet mich auf einer Reise durch die Erdzeitalter."

Der Name

Der Name „Dinosaurier" stammt aus dem Griechischen. „Deinos" bedeutet „schrecklich" und „saurus" heißt „Echse".

DIE ZEIT DER DINOS

Rund 160 Millionen Jahre dauerte die Herrschaft der Dinosaurier. Dann starben sie aus.

DIE ERDZEITALTER

Henri Johns erzählt: „Die Erde entstand vor rund viereinhalb Milliarden Jahren und dann dauerte es noch einmal zwei Milliarden Jahre, bis einfache Lebensformen im Wasser entstanden. Im Erdaltertum bildeten sich Quallen, Würmer, urtümliche Fische, Schalentiere und erste Amphibien. Einige von ihnen entwickelten sich zu Reptilien weiter, die an Land lebten. Krokodile, Schildkröten und Echsen waren darunter."

Auch die Vorfahren der Säugetiere gab es schon", fährt Henri Johns fort. „das Zeitalter der Dinosaurier beginnt im Erdmittelalter. Es wird in drei Abschnitte unterteilt: Trias, Jura und Kreide. In der folgenden Erdneuzeit beginnt die Zeit der großen Säugetiere. Dazu zählten Tiere, die wie Nashörner oder Wölfe aussahen, kleine Urpferdchen und frühe Hirscharten."

PANGÄA

Neben dem Museumsleiter dreht sich eine Erdkugel auf der Leinwand. „Das ist Pangäa, der Superkontinent. So sah die Erde im Zeitalter der Trias aus. Das Land war eine zusammenhängende Masse ", erklärt Henri Johns.

LAURASIEN UND GONDWANA

„Im Jura, also vor 201 bis 145 Millionen Jahren, zerbrach Pangäa in eine nördliche und eine südliche Landmasse: Laurasien und Gondwana. Sie entfernten sich immer weiter voneinander", fährt er fort. Die Kinder sehen, wie der Ozean zwischen den Erdteilen immer breiter wird.

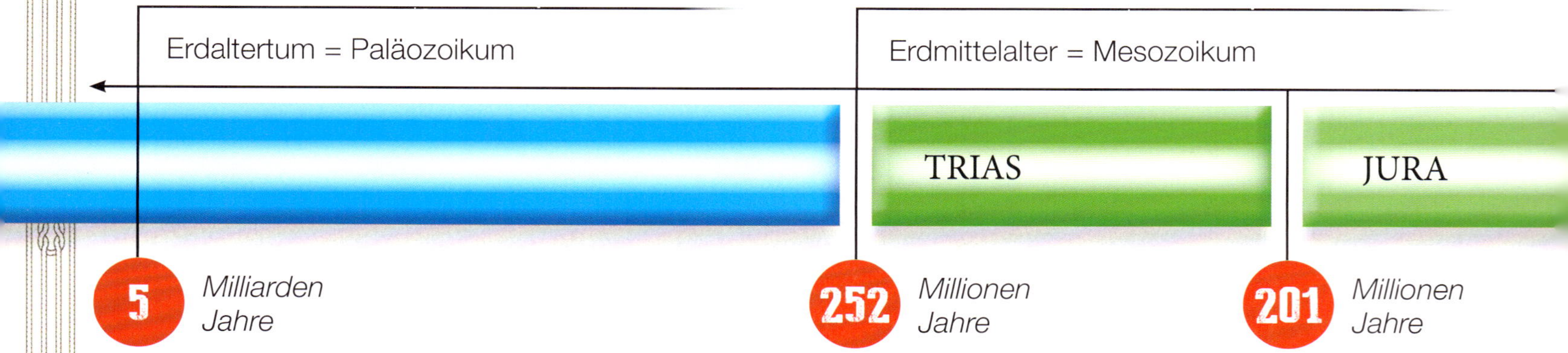

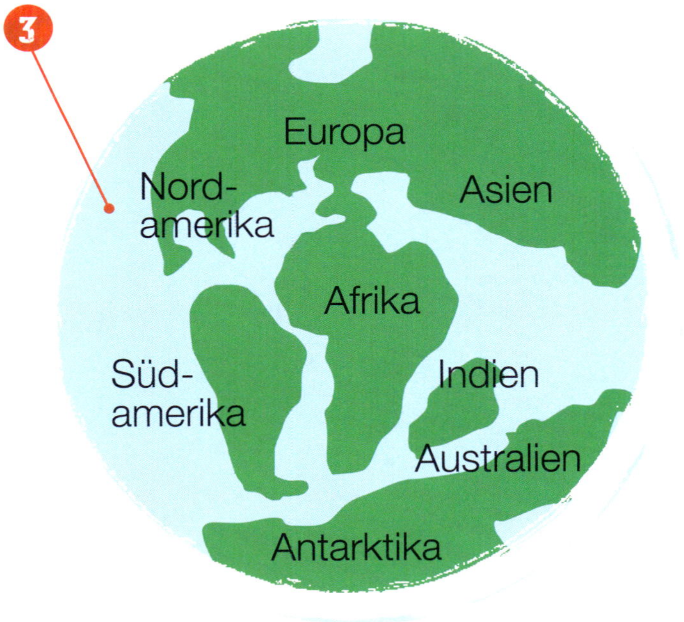

DIE ERDE IN DER KREIDEZEIT

Noch einmal verändert sich die Erdkugel und es erscheinen mehrere Landmassen. „Was ihr hier seht", sagt Henri Johns, „ist nicht die Erde von heute, sondern die aus der Kreidezeit. Ziemlich ähnlich, oder? Laurasien und Gondwana zerbrachen damals und es bildeten sich neue Kontinente."

1 *Pangäa*
2 *Laurasien und Gondwana*
3 *Die Erde in der Kreidezeit*

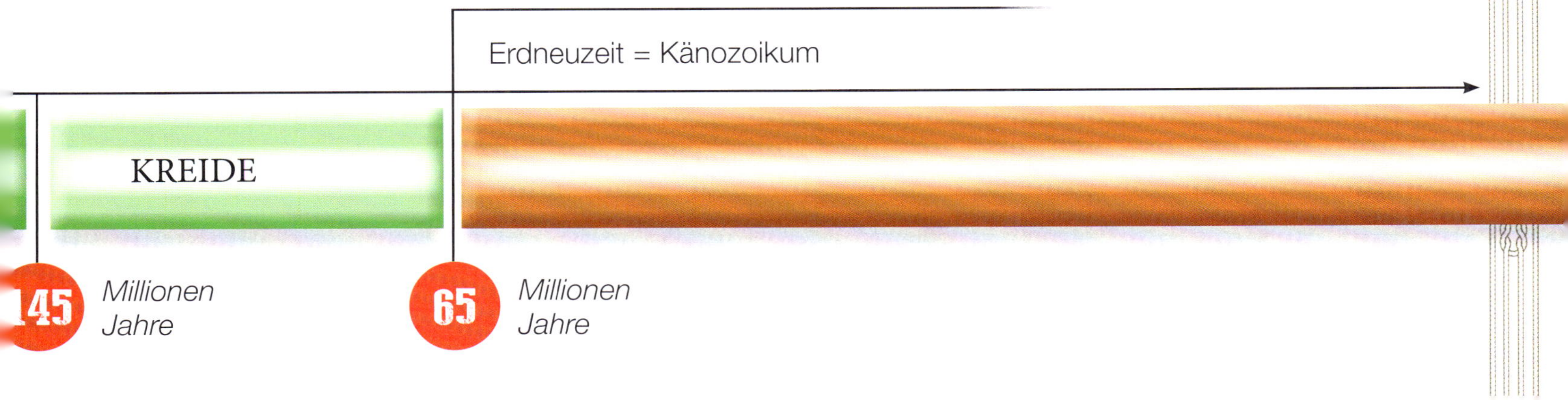

IM INNEREN VON PANGÄA

So sah es im Inneren von Pangäa aus. Es war heiß und sehr trocken. Nur wenige Pflanzen konnten hier wachsen. An den Küsten des Riesenkontinents und an den Flüssen gab es jedoch Farne, Ginkgo, Schachtelhalm und Nadelbäume", erzählt der Museumsleiter. „Diesen Baum kenne ich", flüstert Enid, „im Park wächst auch so ein Ginkgo. Seine Früchte stinken fürchterlich." Julian kichert. „Als Pangäa zerbrach, änderte sich auch das Klima", berichtet Henri Johns weiter. „Viele Erdteile lagen nun am Meer und es regnete häufiger. In dem feuchten Küstenklima wuchsen üppige Wälder mit hohen Nadelbäumen und Palmfarnen. In der Kreidezeit war es warm und mild und die ersten Blühpflanzen breiteten sich aus. Magnolien gehörten ebenso dazu wie Gräser."

Warmes und feuchtes Klima ließ Pflanzen in die Höhe schießen.

WÜSTENGEBIETE

Große Gebiete von Pangäa waren heiße Wüstenlandschaften.

DAS GROSSE ARTENSTERBEN

Mann, wann kommen denn endlich die Dinos?“, will Julian wissen. In dem Augenblick wird die Leinwand dunkel und die Stimme des Museumsleiters ist wieder zu hören. „Stellt euch vor, dass die Tiere, die ihr kennt, plötzlich von der Erde verschwinden. Unglaublich? Aber genau so etwas ist vor 252 Millionen Jahren passiert. 90 Prozent aller Tierarten starben aus. Von den überlebenden Tierarten waren die Reptilien am erfolgreichsten“, erzählt Henri Johns weiter. „Darunter waren auch die ersten Dinosaurier, die bald darauf ganz Pangäa besiedelten.“
„Na endlich!“ Julian kann es kaum erwarten, mehr über sie zu erfahren.

Dinosaurier und Menschen trafen sich in Wirklichkeit nie.

Die ersten Dinos

Dinosaurier traten in der Mitte der Trias, vor ungefähr 235 Millionen Jahren, zum ersten Mal in Erscheinung.

VON KLEIN BIS RIESIG

Bei Dinosauriern denkt ihr bestimmt an riesige Tiere mit langen Hälsen und stämmigen Beinen. Wir kennen heute weit über 1000 Dinosaurierarten", erzählt Henri Johns, „und es werden ständig neue entdeckt. Einige waren klein wie ein Huhn, andere höher als ein Haus und länger als ein Bus. Es gab Dinosaurier mit langen und kurzen Hälsen, mit Schuppen und Federn, Hornplatten und Stacheln. Einige fraßen Pflanzen, andere ernährten sich von Fischen, kleinen Säugetieren oder anderen Dinosauriern. Alle lebten an Land und alle legten Eier."

In Luft und Wasser

Flugsaurier bevölkerten den Himmel und in den Ozeanen waren verschiedene Meeressaurier unterwegs. Sie waren mit den anderen Sauriern nicht verwandt.

DER MUSEUMSRUNDGANG

Das Licht im Kinosaal geht an. Enid kneift die Augen vor der plötzlichen Helligkeit zusammen. „Jetzt könnt ihr euch auf den Weg durch das Museum machen", lädt eine Mitarbeiterin aus dem Museum ein. „Auf dem Rundgang durchwandert ihr die Erdzeitalter Trias, Jura und Kreide und lernt die Dinosaurier kennen, die in dieser Zeit lebten. Ihr findet an den einzelnen Stationen viele Informationen, zum Beispiel Steckbriefe der Tiere." Alle Kinder bekommen noch eine klobige Brille, eine sogenannte VR-Brille. „Die könnt ihr immer aufsetzen, wenn ihr ein Brillensymbol seht", erklärt die Mitarbeiterin. „Dann werdet ihr sozusagen ein Teil der Dinosaurierwelt und erlebt die Tiere hautnah. Und nun wünsche ich euch viel Spaß mit den mächtigsten Landtieren, die jemals auf der Erde gelebt haben." Und schon stürmen die Kinder aus dem Saal, Julian und Enid mittendrin.

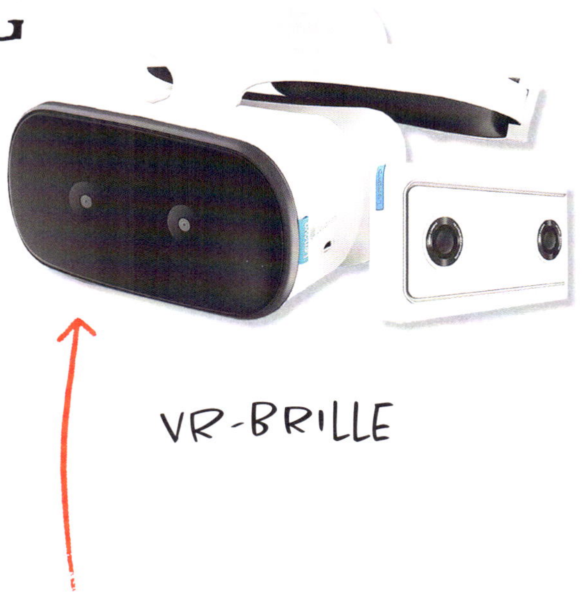

Mit der VR-Brille in die Dinosaurierwelt

DIE ZEIT DER DINOSAURIER BEGINNT

„Wow!" Julian ist begeistert. Er und Enid tauchen mit ihren Brillen direkt in eine Herde von riesigen Plateosauriern ein. Die Tiere bewegen ihre langen Hälse in alle Richtungen. Ob sie nach Feinden Ausschau halten? Bei den Bäumen recken sie den Hals in die Höhe und rupfen mit den Zähnen Blätter ab.

Ihre Vorderbeine benutzen sie dabei wie Arme und Hände. Ganz deutlich erkennt Enid fünf Finger. Am Daumen sitzt eine starke, gefährlich aussehende Kralle. „Mit der möchte ich keine Bekanntschaft machen", denkt sie. „Zum Verteidigen war sie aber sicher super."

DER STAMMBAUM DER DINOSAURIER

Die Kinder stehen vor einer großen Wandtafel. „Was für komische Namen das sind." Enid runzelt die Stirn. „Hier ist es erklärt." Julian deutet auf eine Texttafel neben dem Bild. „Ornithischier sind Vogelbecken-Saurier. Mit dem Namen Saurischier bezeichnet man Echsenbecken-Saurier." „Das kann ich mir leicht merken", meint Enid, „denn Vogelkundler nennt man Ornithologen. Die Ornis sind also die mit dem Vogelbecken, dann müssen die anderen das Echsenbecken haben."

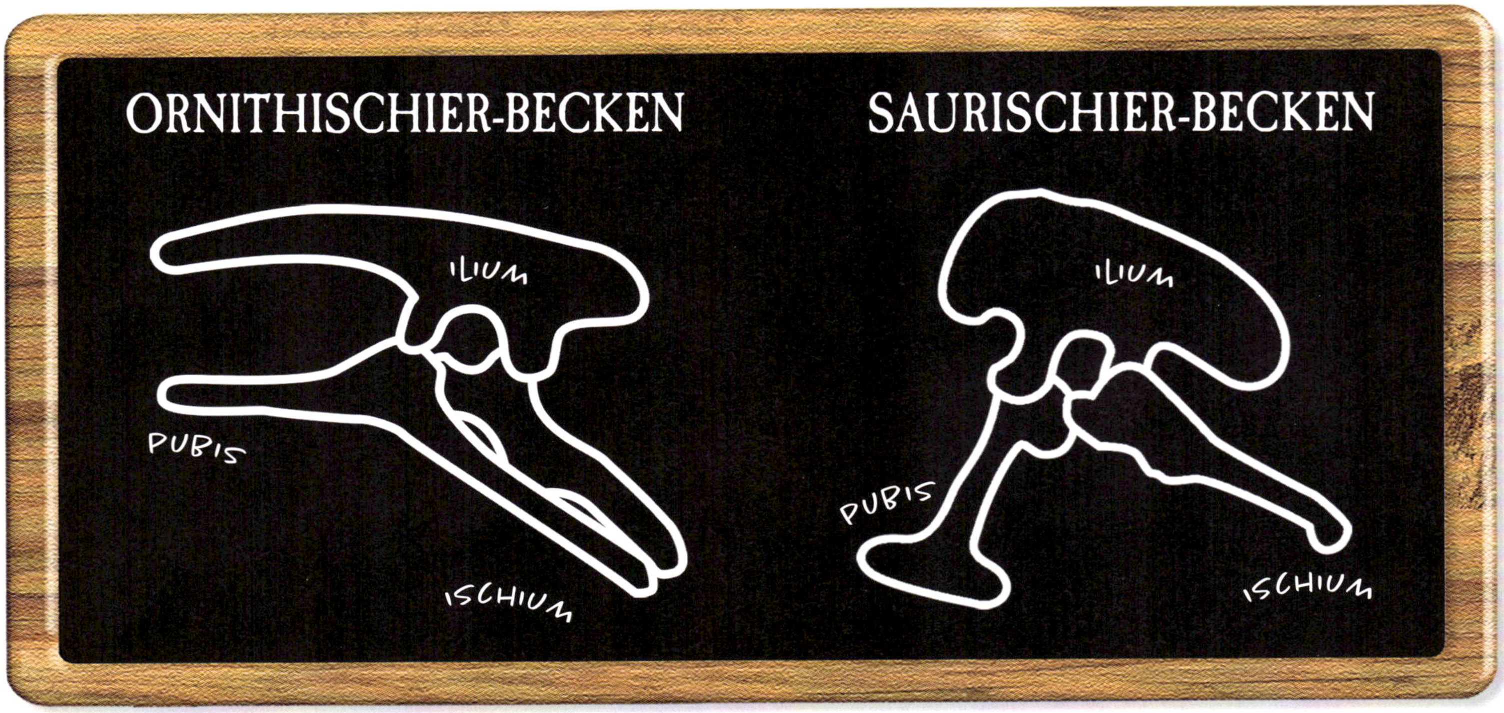

Theropoden wie *Tyrannosaurus Rex* liefen auf den Hinterbeinen.

Sauropoden wie *Diplodocus* hatten lange Hälse und Schwänze.

Zu welcher Gruppe ein Dinosaurier gehört, kann ein Experte anhand der Beckenknochen feststellen. Bei den Saurischiern sind die drei Beckenknochen sternförmig angeordnet wie bei den heutigen Echsen. Das Becken der Ornithischier sieht dagegen aus wie das der Vögel heute. „Schau mal, der riesige *Diplodocus* ist ein Sauropode. Die Tiere dieser Gruppe hatten lange Hälse und Schwänze.“ Enid deutet auf den Dinosaurier neben dem Schild. „Und der *Tyrannosaurus Rex* ist ein Theropode. Hier steht, dass Sauropoden Pflanzenfresser und Theropoden Fleischfresser waren. Deshalb hatten sie scharfe Zähne und Krallen.“ Julian zeigt auf das Maul des *Tyrannosaurus*. „Die sehen ganz schön gefährlich aus“, sagt er und Enid stimmt ihm zu: „Gruselig!“

Wildes Tier

Der Begriff Theropode kommt aus dem Altgriechischen und bedeutet *wildes Tier*. Zu dieser Gruppe von Dinosauriern zählten die größten und gefährlichsten Fleischfresser.

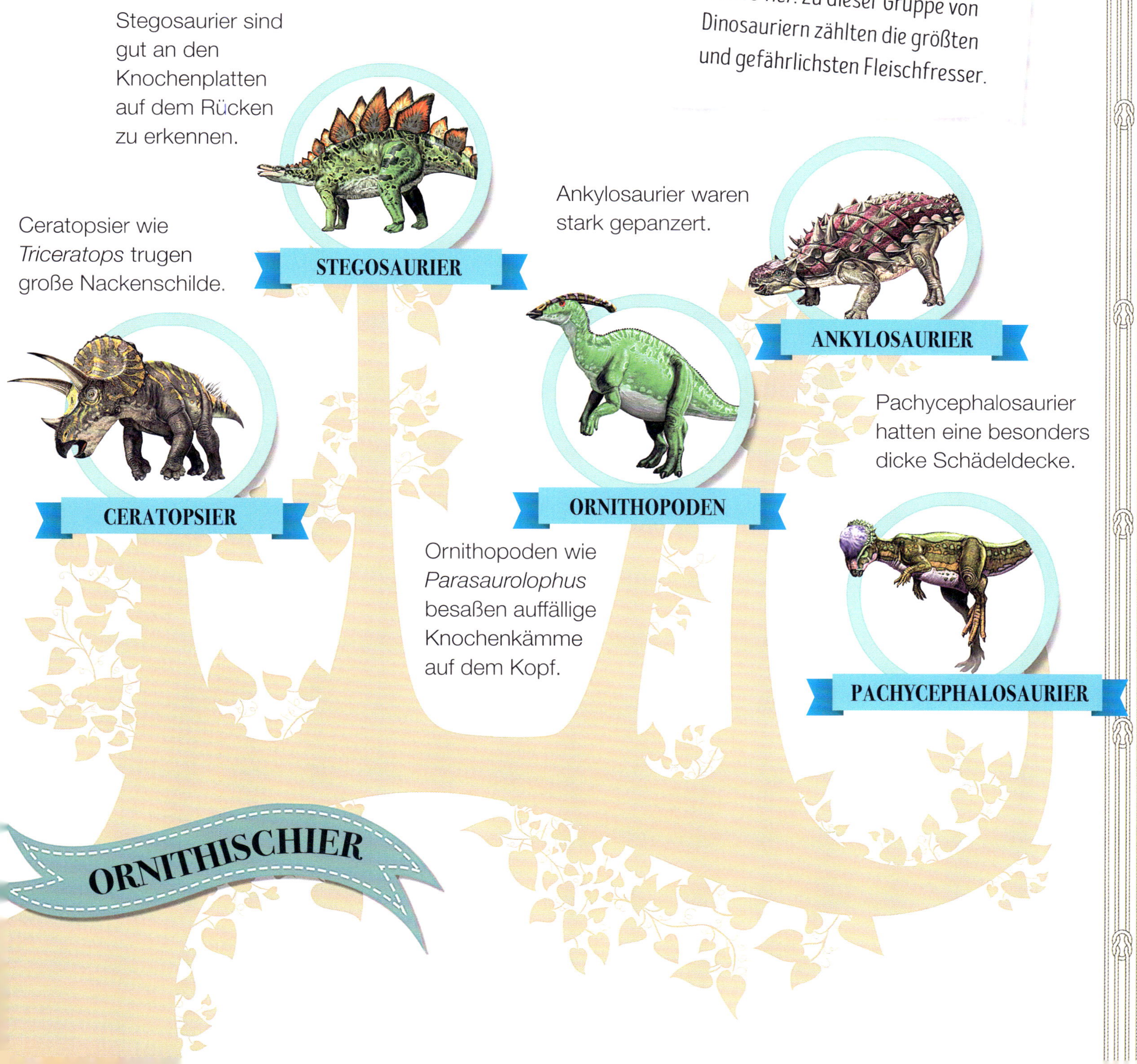

THEROPODEN

Theropoden werden auch Raubsaurier genannt. Ihr Name bedeutet „Raubtierfuß". Sie hatten Füße mit drei großen Laufzehen und kräftigen Klauen. Eine weitere kleinere Zehe saß hinten am Fußknochen. Die fünfte Zehe war nicht mehr als ein winziger Knochen. Theropoden liefen auf zwei Beinen und konnten ziemlich schnell werden. Möglich war dies auch, weil ihre Knochen hohl und damit sehr leicht waren.
Die Vorderarme waren in der Regel kurz und sie hatten an den Fingern spitze Krallen. Damit hielten die Fleischfresser ihre Beute fest und zerteilten sie. Sie besaßen sehr kräftige Kiefer und scharfe Zähne, mit denen sie Teile aus ihrer Beute schneiden oder reißen konnten. Die verschlangen sie dann am Stück.

Gefährliche Raubtiere

Theropoden hatten einen großen Schädel. Ihre Zähne waren leicht nach hinten gebogen und sehr scharf.

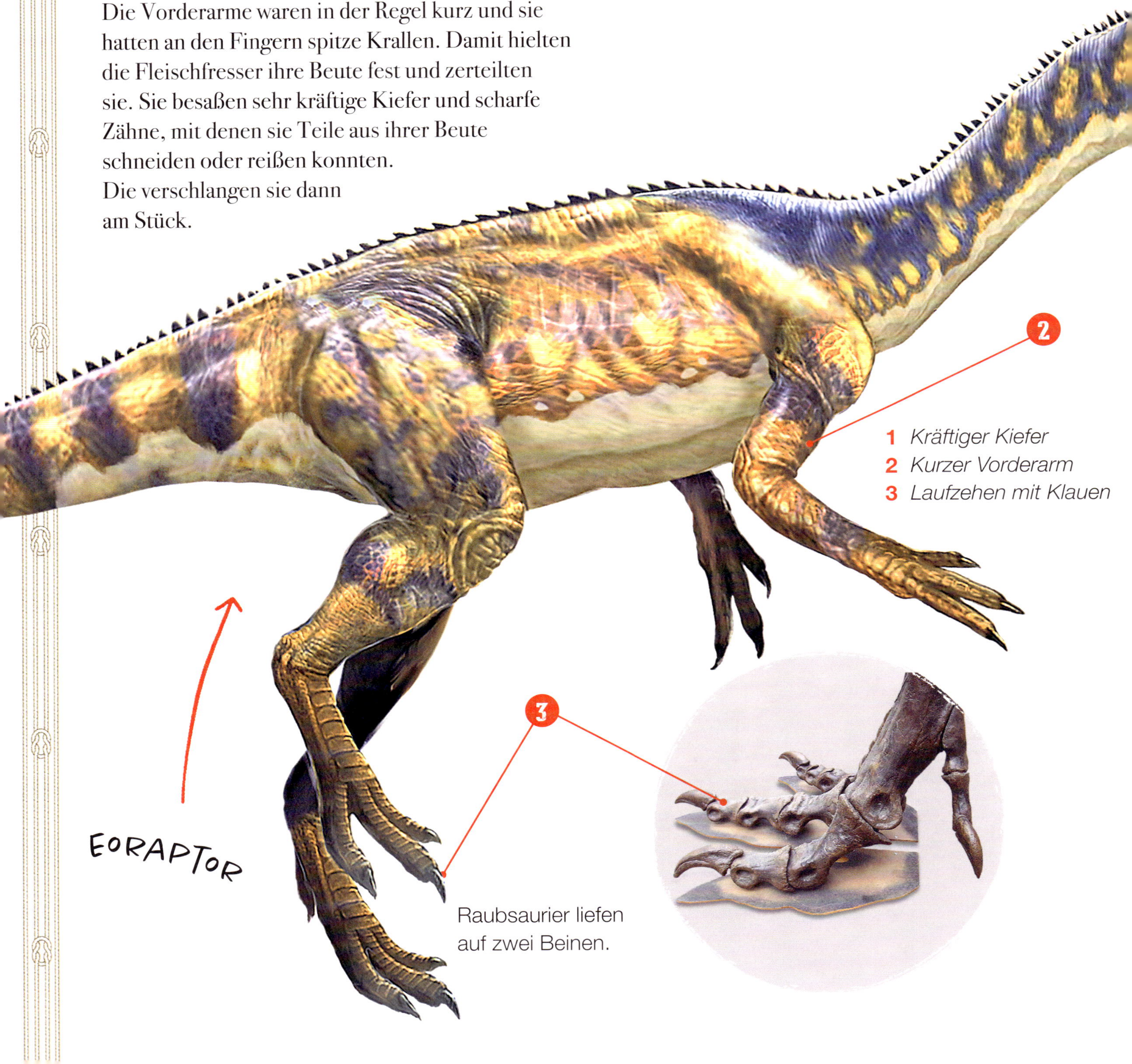

1 *Kräftiger Kiefer*
2 *Kurzer Vorderarm*
3 *Laufzehen mit Klauen*

Raubsaurier liefen auf zwei Beinen.

PLATEOSAURUS

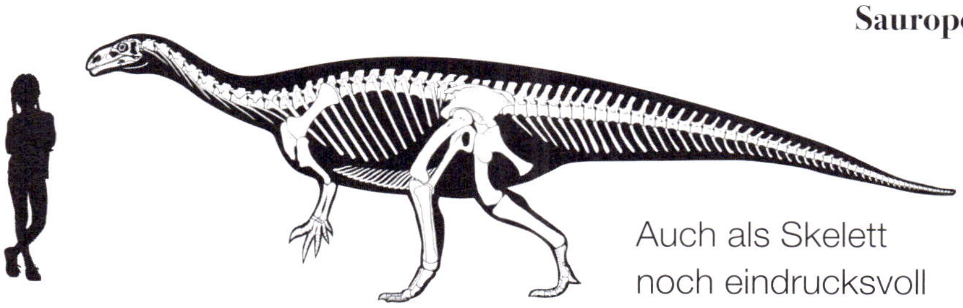

Auch als Skelett noch eindrucksvoll

1

EIN SAUROPODE WOG SO VIEL WIE EIN BLAUWAL

SAUROPODEN

Die Tiere dieser Gruppe hatten sehr stämmige Beine, ähnlich wie Säulen. Sie liefen auf den Zehenspitzen, unter denen sich Knorpelteile befanden. Diese sorgten dafür, dass sich das enorme Gewicht der Tiere gut verteilte. Sauropoden waren die größten Landtiere, die es jemals auf der Erde gab. Sie konnten über 20 Meter lang und bis zu 100 Tonnen schwer werden – das ist so viel, wie ein Blauwal wiegt. Die Pflanzenfresser hatten löffel- oder sichelförmige Zähne, mit denen sie Blätter von den Bäumen streifen konnten. Da Pflanzen nicht besonders nahrhaft sind, waren die Giganten ständig am Fressen. In Herden zogen sie von einem Futterplatz zum nächsten.

Dinosaurier-Zahn

Sanfte Riesen

Sauropoden besaßen einen beweglichen Hals und einen langen Schwanz. Der Kopf war eher klein. Ihr Name bedeutet „Echsenfüße“.

DAS UNGLÜCK IM FLUSSBETT

Enid und Julian entdecken eine Station mit dem Namen *Coelophysis*. Sie setzen ihre Brillen und dieses Mal auch Kopfhörer auf. Erstaunt stehen sie am Rand eines Flussbetts. Darin fließt nur noch sehr wenig Wasser. Eine Herde schlanker Dinosaurier kommt ins Bild.

„Da, endlich Wasser!“ Enid und Julian schauen sich verblüfft an. Sie können die Gedanken der Tiere hören! „Ich habe solch einen Durst. Den ganzen Tag sind wir schon in dieser Hitze unterwegs und nirgends gab es eine Wasserstelle.“

GEFAHR DROHT

Die Herde der *Coelophysis* verteilt sich an der Wasserstelle und die Tiere beginnen zu trinken. „Das tut gut, ich war schon halb verdurstet." – „Herrlich!" Die Kinder können die Erleichterung der Dinosaurier fast spüren. Da hebt ein *Coelophysis* den Kopf, dann noch einer. „Was ist das? Habt ihr das auch gehört? Schaut doch nach oben!"

Und tatsächlich, der Himmel ist auf einmal ganz schwarz und erste Blitze zucken in der Dunkelheit. Es beginnt zu regnen, zuerst nur ein bisschen, aber kurz darauf gießt es wie aus Eimern. „Endlich Regen", seufzt ein Tier. „Genug, um die trockenen Wasserlöcher zu füllen." Das Rauschen des Regens schwillt plötzlich zu einem mächtigen Brausen an und wird immer stärker. „Oh nein! Lauft! Weg hier, schnell!" Eine mächtige Flutwelle schießt das Flussbett entlang. Die ersten *Coelophysis* werden davon erfasst, von den Beinen gerissen und von den Wassermassen fortgespült.

„Das ist ja schrecklich!" Enid kann noch gar nicht glauben, was sie eben miterlebt hat. „Die armen Dinos! Ob es so ein Unglück tatsächlich gegeben hat?"

DER DINOSAURIERFRIEDHOF

Julian ist noch ganz benommen von dem Unglück. Er entdeckt eine Texttafel:
„1947 wurden in Ghost Ranch, einem Gebiet im amerikanischen Bundesstaat New Mexiko, Hunderte von *Coelophysis*-Skeletten gefunden. Sie lagen dicht nebeneinander und teilweise auch übereinander. Wissenschaftler rätselten, wie es zu dem Massensterben kam. Etliche Spuren sprachen dafür, dass die Herde von einer Sturzflut erfasst wurde und alle Tiere ertranken.“

1 *Schmaler Kopf*
2 *Gezackte Zähne*
3 *Kiefer mit scharfen Zähnen*
4 *Beweglicher Hals*
5 *Zweibeiniger Lauf*

Coelophysis war ein flinker Jäger, der wahrscheinlich in Gruppen jagte.

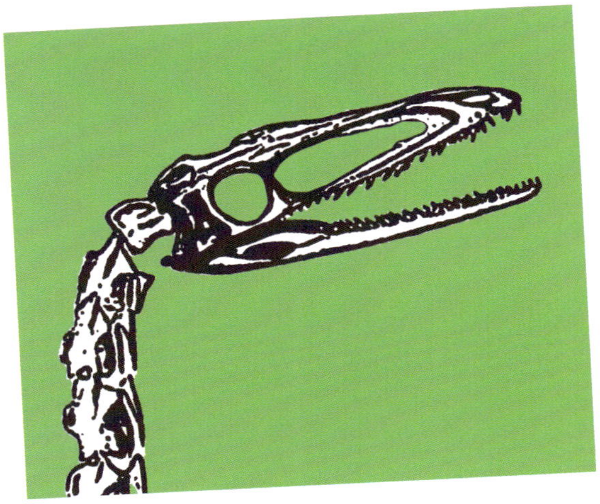

COELOPHYSIS
Hohle Gestalt

LÄNGE: bis zu 3 Meter
NAHRUNG: Eidechsen, frühe Säugetiere, Insekten, andere Dinosaurier
LEBENSRAUM: feuchtwarmer Küstenwald
FUNDGEBIETE: Nordamerika

SCHÄDEL EINES COELOPHYSIS

FOSSIL EINES COELOPHYSIS

Weil man viele Skelette gefunden hat, ist *Coelophysis* gut erforscht. Er war einer der ersten Raubsaurier im Erdmittelalter und dank seiner hohlen Knochen ein schneller, wendiger Läufer. Mit seinem beweglichen Hals konnte er in alle Richtungen nach Beute Ausschau halten. Forscher vermuten, dass *Coelophysis* in Herden lebte. Sonst hätte man wohl in Ghost Ranch nicht so viele Tiere auf einmal entdeckt.
Der Schädel war schmal und im Kiefer befanden sich viele scharfe Zähne. Vorne waren sie wie Haken gebogen und damit ideal, um Beutetiere zu schnappen. Die hinteren Zähne waren etwas kleiner und hatten gezackte Ränder wie eine Säge.

DIE ERSTEN DINOSAURIER

Enid und Julian spazieren einen Raum weiter. Dort finden sie neben Schautafeln und Zeichnungen von Dinosauriern auch Skelette und lebensgroße Modelle. „Schau mal, der geht mir nur bis zum Knie – wie ein kleiner Hund!" Julian stellt sich so dicht neben einen *Eoraptor*, wie es die Absperrung erlaubt. „Gefährlich war er bestimmt trotzdem. Sieh dir mal die scharfen Krallen und die vielen spitzen Zähne an. Hier steht, er war einer der ersten Dinosaurier, die es gab."

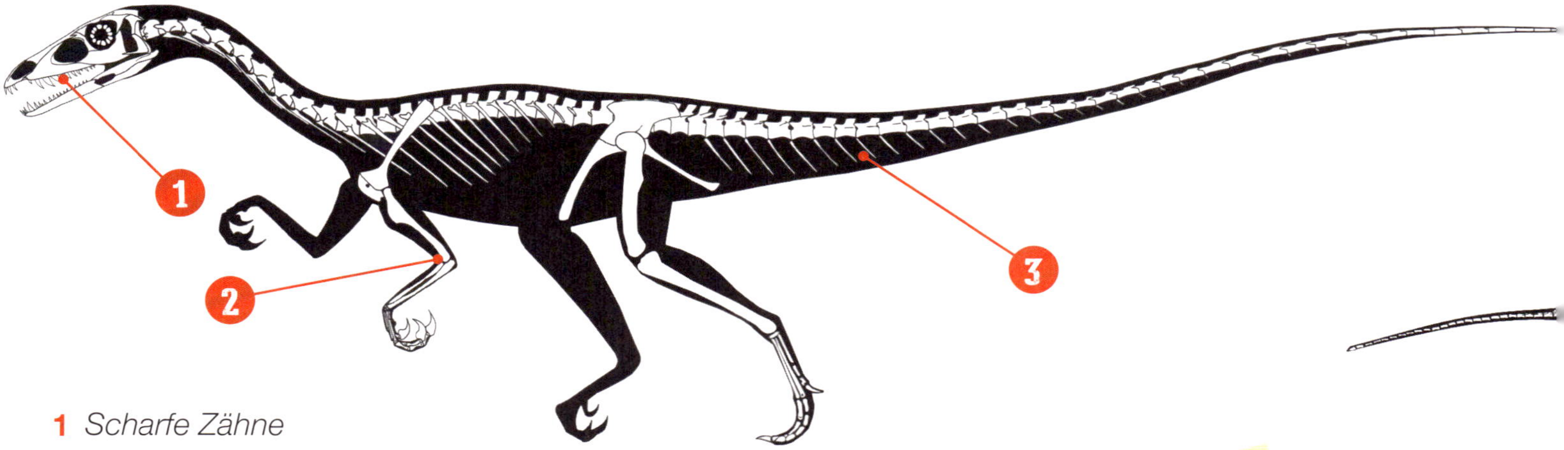

1 *Scharfe Zähne*
2 *Greifarme mit Krallen*
3 *Schwanz zum Steuern*

Fossilien eines *Eoraptors* fand man 1991 im Mondtal in Argentinien.

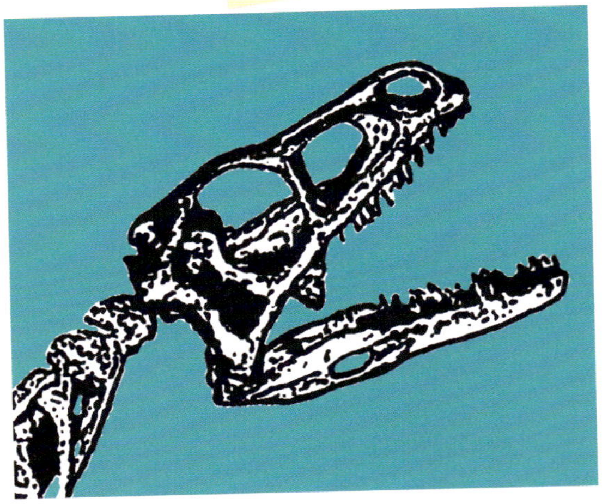

EORAPTOR

Jäger der Morgenröte

LÄNGE: 1 Meter
NAHRUNG: kleine Reptilien, Pflanzen
LEBENSRAUM: Felsenwüsten
FUNDGEBIETE: Südamerika, Argentinien

Herrerasaurus lief auf zwei Beinen und war ein schneller Jäger.

Schnell und gefährlich: *Herrerasaurus*

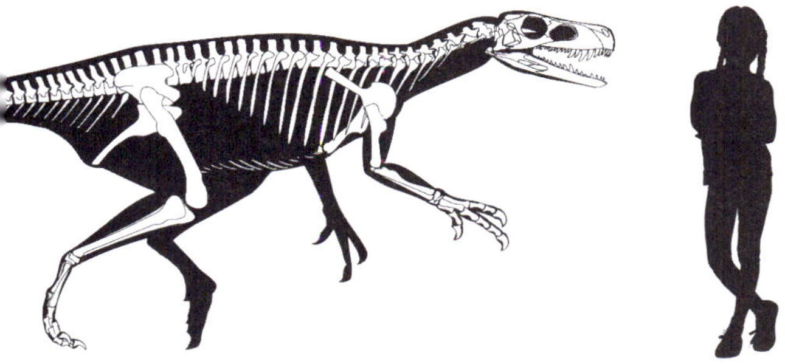

Julian läuft zu einem anderen Sauriermodell. „Der *Herrerasaurus* ist viel größer. Er hat aber zur selben Zeit und in derselben Gegend gelebt wie der *Eoraptor*. Sieh dir mal die gebogenen Krallen an Händen und Füßen an. Das war bestimmt ein Fleischfresser."

Enid nickt. „Stimmt!"

„Nur der Name ist etwas komisch, finde ich. Was soll denn ‚Herreras Echse' bedeuten?" Julian runzelt die Stirn. Enid liest das Schild neben dem Modell. „Das ist der Name des argentinischen Bauern, der die ersten Knochen dieses Dinos gefunden hat. Er hat den Saurier nach sich benannt", findet sie heraus.

„Wenn ich mal Knochen eines noch unbekannten Dinos finde, nenne ich ihn Julianosaurus", sagt Julian und grinst.

HERRERASAURUS

Herreras Echse

LÄNGE: bis zu 5 Meter
NAHRUNG: Reptilien, kleine Säugetiere, kleine Dinosaurier
LEBENSRAUM: Flachland und Wälder
FUNDGEBIETE: Südamerika, Argentinien

DIE TIERWELT IM ZEITALTER TRIAS

Neben den Dinosauriern lebten in der Trias auch noch viele andere Tiere. Zu ihnen zählten Reptilien wie Krokodile und Schildkröten, Flug- und Meeressaurier, aber auch Fische, die ersten Frösche und kleine Säugetiere.

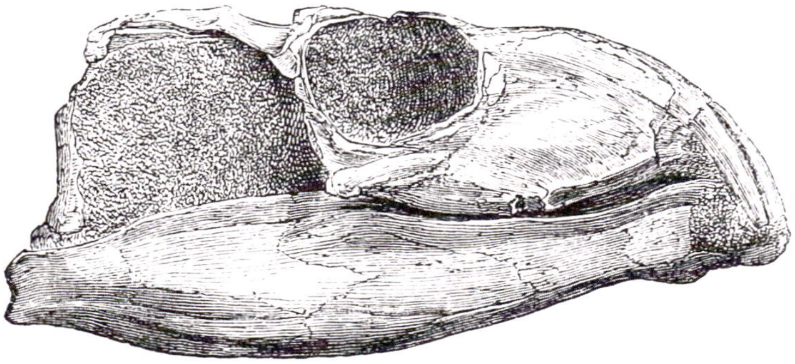

Mit dem Schnabel bissen Rhynchosaurier Zweige und Wurzeln ab.

Fossilien bringen uns die Welt der Saurier näher.

Rhynchosaurier waren pflanzenfressende Reptilien. Sie hatten sehr kurze Beine und einen Schnabel, ähnlich wie der einer Schnappschildkröte. Die Echsen konnten zweieinhalb Meter lang werden.

POSTOSUCHUS

Schädel eines *Postosuchus*

Postosuchus war einer der größten Räuber an Land. Das Reptil hatte einen massigen Schädel mit langen, gezackten Zähnen. Fossilien dieses Reptils fand man in Posto, einer Stadt in Texas, Nordamerika – daher der Name.

EUDIMORPHODON

Keine Vögel

Flugsaurier werden allgemein Ptereosaurier genannt. Obwohl sie sich durch die Lüfte bewegten, waren sie mit den Vögeln nicht näher verwandt.

Flugsaurier waren Reptilien, die an den Armen große Flughäute besaßen. Der bisher älteste bekannte Flugsaurier ist *Eudimorphodon*. Er hatte einen leichten, pelzigen Körper, einen kurzen Hals und einen langen Kiefer mit 114 sehr spitzen Zähnen. *Eudimorphodon* war etwa so groß wie eine Krähe.

MEERESSAURIER

Auch im Wasser kamen verschiedene Arten von Reptilien vor, darunter Meeressaurier. Die Ichthyosaurier waren am besten an diesen Lebensraum angepasst. Wie Haie oder Delfine konnten sie sehr schnell schwimmen. Zum Atmen mussten sie auftauchen. Ihre Jungen kamen lebend zur Welt.

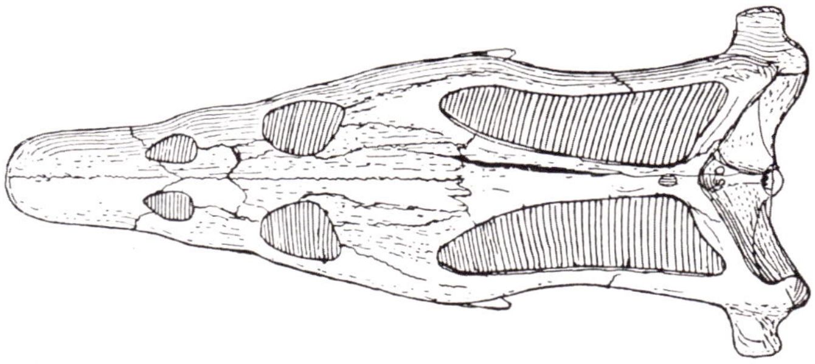

Der lange, schmale Kopf von *Nothosaurus* erinnert an ein Krokodil.

Nothosaurus („Falsche Echse") schwamm und jagte ebenfalls hervorragend, fraß aber an Land. Dort brachten die Reptilien auch ihre Jungen zur Welt. Zur Nahrung zählten Fische, Kopffüßer wie Belemniten und andere Reptilien. Ähnlich wie Fischotter hatten Nothosaurier Schwimmhäute an den Füßen.

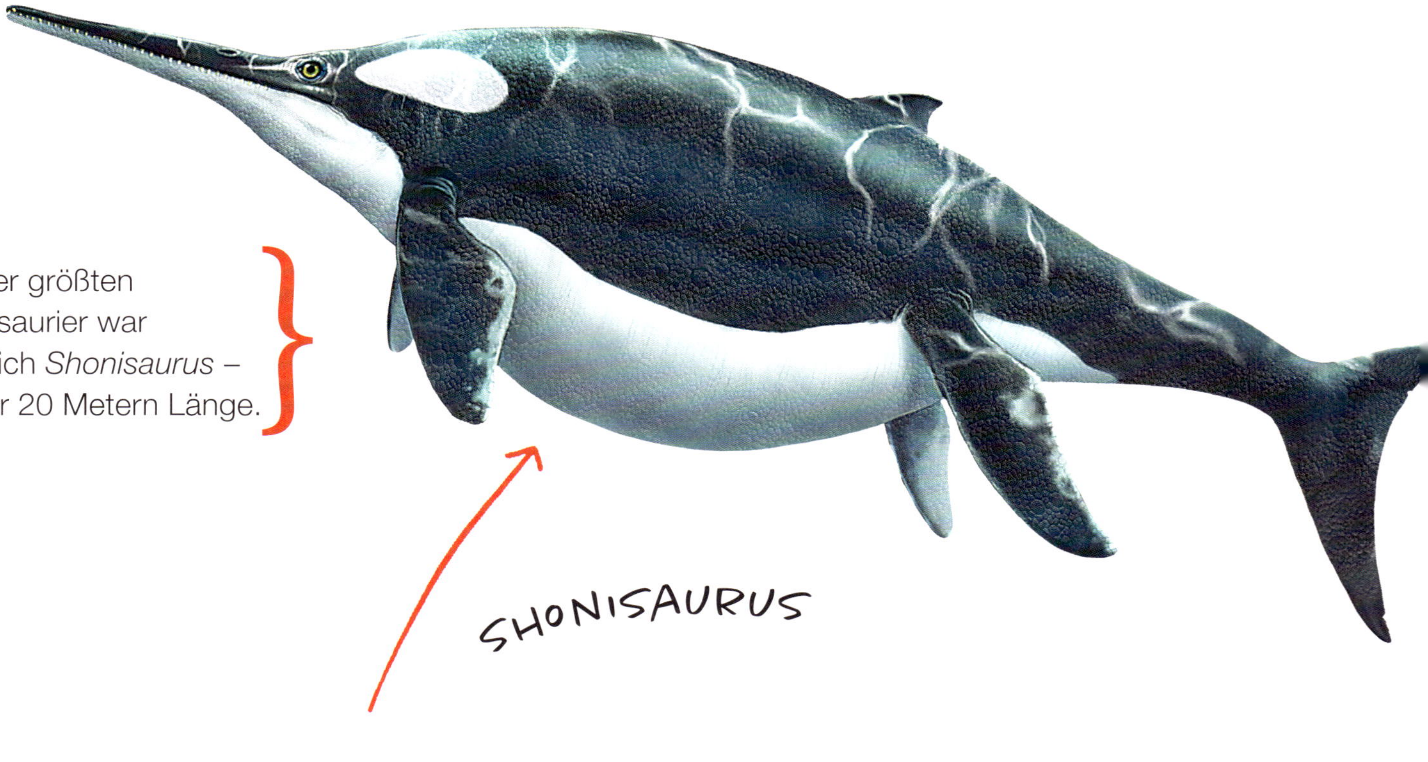

Einer der größten Ichthyosaurier war vermutlich *Shonisaurus* – mit über 20 Metern Länge.

ERSTE SÄUGETIERE

In der Trias entwickelten sich auch die ersten Säugetiere. Sie waren sehr klein und jagten meistens in der Nacht, um sich vor Räubern am Tag zu schützen. Sie ernährten sich von Würmern, Käfern, jungen Echsen und Insekten.

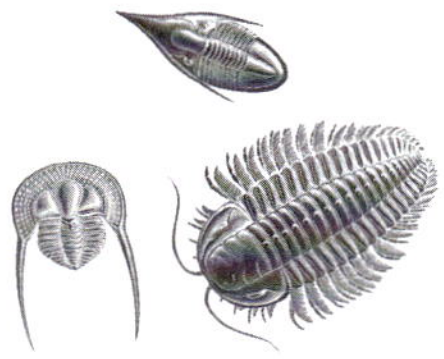

Futter für die ersten Säugetiere

Megazostrodon lebte ab dem Ende der Trias, war nur so groß wie eine Spitzmaus – etwa zehn Zentimeter – und hatte wahrscheinlich ein Fell zum Schutz vor Kälte. Der Name des kleinen Tiers bedeutet „Großer Gürtelzahn".

In Wales, Großbritannien, fand man zahlreiche Zähne und Kieferknochen eines kleinen Tiers, das man *Morganucodon* nannte. Es hatte viel Ähnlichkeit mit *Megazostrodon* und konnte gut sehen, hören und riechen. Seine Knochen fand man auch in Grönland und China.

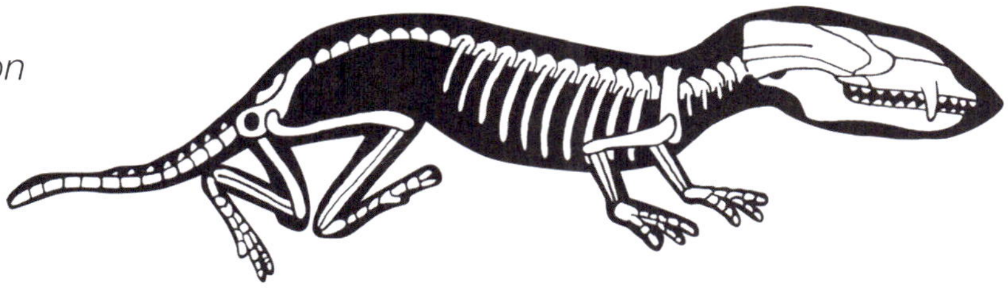

Das Skelett von *Morganucodon* deutet auf ein flinkes Tier hin.

ENDE UND NEUBEGINN

„Das sieht hier ja gar nicht gut aus!“ Enid und Julian befinden sich mit ihren Brillen mitten in einer Vulkanlandschaft. Heiße Lava steigt auch vom Meeresboden auf und das Wasser verdampft zischend, wenn es mit dem heißen Gestein in Berührung kommt. Die Kinder verfolgen gebannt, wie sich die Lava immer weiter ausbreitet und auf ihrem Weg Pflanzen und Tiere unter sich begräbt. Enid liest vor: „Hier steht, am Ende der Trias, also vor rund 201 Millionen Jahren, gab es wieder ein großes Artensterben. Fast die Hälfte aller Arten wurde durch die Vulkanausbrüche ausgelöscht. Krokodile, Schildkröten, kleine Säugetiere und Dinosaurier haben die Katastrophe aber überlebt.“

WIR SIND NEU HIER!

Enid und Julian folgen dem Rundweg in den nächsten Raum und betreten damit ein neues Zeitalter – den Jura. An die Wände sind verschieden große Dinosaurier in Originalgröße gezeichnet. Die größten von ihnen sind so riesig, dass gerade einmal die stämmigen Beine auf die Fläche passen, dann beginnt schon die Decke. Enid stellt sich davor. „Wie groß bin ich?“, will sie wissen.
Julian lacht: „Winzig! Bei den meisten von ihnen hättest du glatt zwischen den Beinen durchlaufen können.“

Erdmittelalter = Mesozoikum

TRIAS

JURA

201 Millionen Jahre

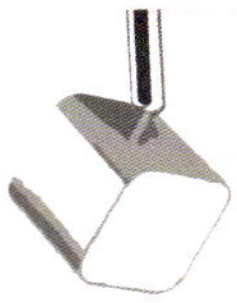

Julian untersucht einen Schaukasten mit verschiedenen Modellen von Dinosauriern und anderen Tieren. „Komm, Enid, das probieren wir aus. Also, welches Tier ist neu im Jura? Mal sehen ..." Julian drückt eine Taste neben einem Namensschild und ein grünes Lämpchen leuchtet bei einem Brachiosaurier. „Das war richtig!", freut sich Enid. „Den gab es in der Trias noch nicht. Jetzt ich!" Sie drückt die Taste neben *Archaeopteryx* und bei diesem Urvogel leuchtet es ebenfalls grün auf. Auch die Ornithopoden wie *Camptosaurus* und die Stegosaurier entwickelten sich im Jura.

Der Jura

Der Jura gilt als die Blütezeit der Dinosaurier. Nie wieder gab es so gewaltige Tiere auf der Erde. Das feuchtwarme Klima ließ die Pflanzen üppig wachsen. Sie lieferten genügend Nahrung für die Pflanzenfresser, die wiederum den Fleischfressern als Futter dienten.

KREIDE

145 Millionen Jahre

AUF DER JAGD AM STRAND

„Station *Compsognathus*“, liest Julian vor. „Komm, Enid, wir setzen die Brillen auf.“ Sogleich stehen die Kinder an einem Strand. Um sie herum huschen kleine Dinosaurier.

„Die sind ja lustig. Wie schnell die laufen können und wie klein die sind.“ Enid ist begeistert. Die hühnergroßen Tiere flitzen auf den Hinterbeinen umher und jagen Beutetiere. Mit dem langen Schwanz können sie die Balance halten, wenn sie die Richtung wechseln. „Da, jetzt hat er eine Eidechse erwischt. Die zappelt ganz schön, aber der *Compsognathus* hält sie mit seinen spitzen Zähnen ganz fest. Die entkommt ihm nicht mehr.“

DINOSAURIER ODER VOGEL?

In einer Vitrine entdecken die Kinder eine Steinplatte mit einem Skelettabdruck. Es ist das Fossil eines *Compsognathus*. „Hier steht, dass er zu den ersten Dinosauriern gehörte, die man gefunden hat. Das war schon 1850. Und nicht weit weg fand man einen *Archaeopteryx,* einen Urvogel. Zuerst hielt man ihn auch für einen *Compsognathus*, denn die Skelette sind sich sehr ähnlich.“ Julian zeigt auf zwei Modelle: „Das ist ja wie ein Fehler-Suchbild. Auf den ersten Blick erkenne ich keinen Unterschied.“ Enid zählt und verkündet: „Der Schwanz beim *Compsognathus* hat 40 und der vom *Archaeopteryx* nur 23 Knochen.“

COMPSOGNATHUS

Eleganter Kiefer

LÄNGE: 1 Meter
NAHRUNG: Eidechsen, Insekten, kleine Säugetiere
LEBENSRAUM: Wüsteninseln
FUNDGEBIETE: Deutschland, Frankreich

Mit seinen dreifingrigen Händen konnte der *Compsognathus* schnell zupacken.

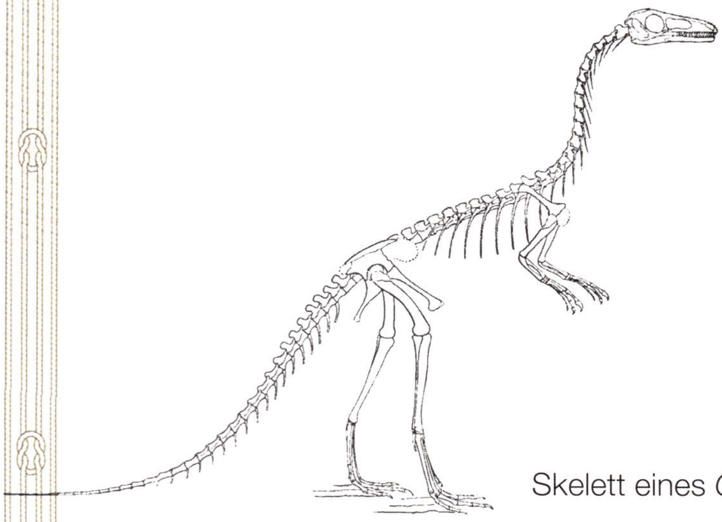

Skelett eines *Compsognathus*

Der Schnellste

Compsognathus war vermutlich der schnellste Läufer unter den Dinosauriern. Er soll eine Geschwindigkeit von 64 Kilometern pro Stunde erreicht haben. Das ist schneller, als ein Vogel Strauß laufen kann.

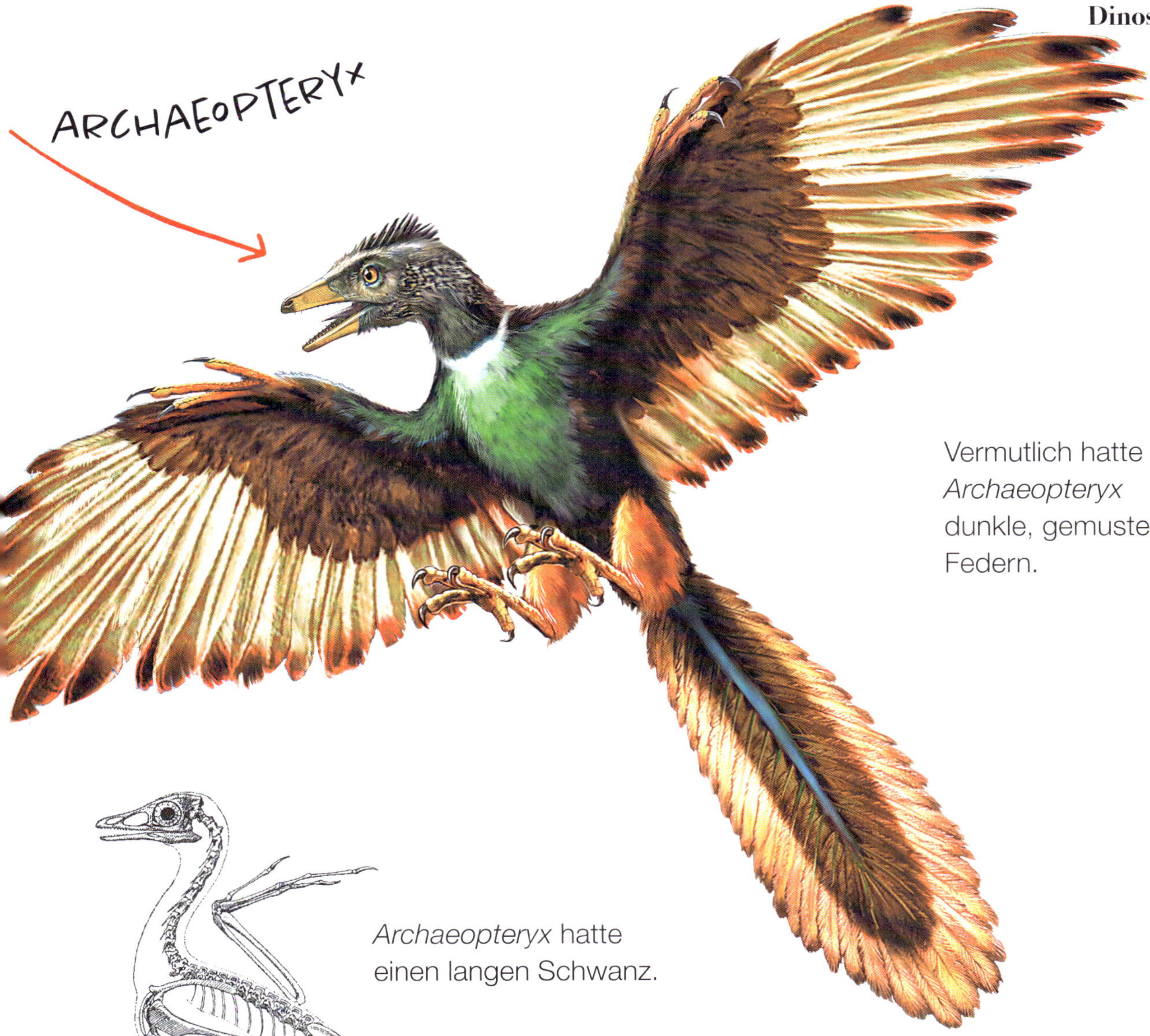

Vermutlich hatte *Archaeopteryx* dunkle, gemusterte Federn.

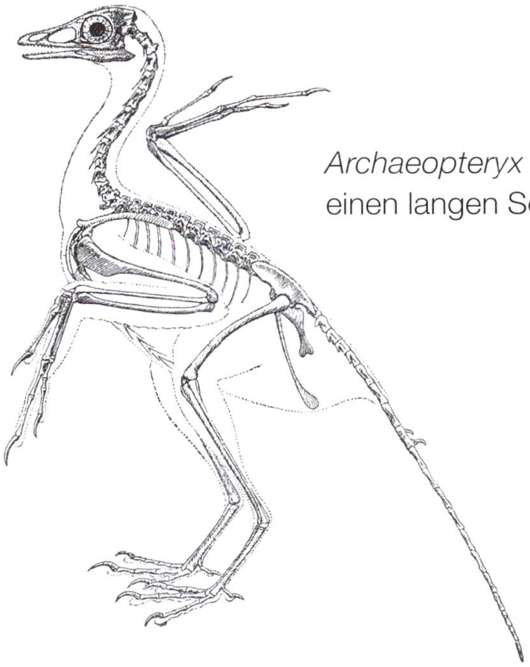

Archaeopteryx hatte einen langen Schwanz.

Alle zwölf bisher gefundenen *Archaeopteryx*-Skelette stammen aus dem Altmühltal in Bayern. Die Funde sind eine Sensation, denn sie belegen, dass unsere heutigen Vögel von den Dinosauriern abstammen. *Archaeopteryx* ist das Bindeglied zwischen beiden. Er besitzt Merkmale von Reptilien und von Vögeln. Kopf, Schwanz und Zähne sind typisch für Reptilien, Federn und Flügel sprechen für einen Vogel. Wahrscheinlich konnte der Urvogel schon fliegen. Seine Federn dienten aber auch dem Schutz vor Kälte und machten Eindruck bei der Balz.

ARCHAEOPTERYX

Alter Flügel

LÄNGE: 50 Zentimeter
NAHRUNG: Kleintiere
LEBENSRAUM: Wüsteninseln
FUNDGEBIETE: Deutschland

IM REICH DER GIGANTEN

Der Weg führt die Kinder in einen Raum mit riesigen Modellen von Sauropoden. Mit ihren langen Hälsen und Schwänzen reichen sie in jede Ecke. Ein schmaler Weg führt zwischen den Giganten hindurch zu Infotafeln.

Diplodocus ist bislang der längste Dinosaurier, von dem Skelette gefunden wurden. Er hatte einen sehr langen Hals und einen noch längeren Schwanz, den er zur Verteidigung wie eine Peitsche benutzen konnte. Seine Haut war schuppig und vom Kopf bis zum Schwanz mit Stacheln besetzt. Im Verhältnis zu seiner Körpergröße waren Kopf und Gehirn winzig. Seine Beine ähnelten denen von Elefanten.

DIPLODOCUS

Doppelbalken

LÄNGE: bis zu 27 Meter
NAHRUNG: Blätter
LEBENSRAUM: Baumsteppen
FUNDGEBIETE: USA

Enid bestaunt den mächtigen *Brachiosaurus*. „Was glaubst du, wie schwer der war?“, fragt sie Julian. „Keine Ahnung, aber der war bestimmt schwerer als die vier Elefanten bei uns im Zoo zusammen“, ist er überzeugt.

Der pflanzenfressende *Brachiosaurus* war nicht nur lang, sondern auch höher als der 10-Meter-Sprungturm im Schwimmbad. 12,5 Meter hoch reichte er und kam damit an die Blätter hoch oben in den Baumwipfeln heran. Er wog 80 Tonnen, das ist so viel wie zwölf ausgewachsene afrikanische Elefanten. Damit war er der schwerste Dinosaurier.

BRACHIOSAURUS

Armechse

LÄNGE: bis zu 23 Meter
NAHRUNG: Blätter
LEBENSRAUM: offenes Waldland
FUNDGEBIETE: Nordamerika

BRACHIOSAURUS

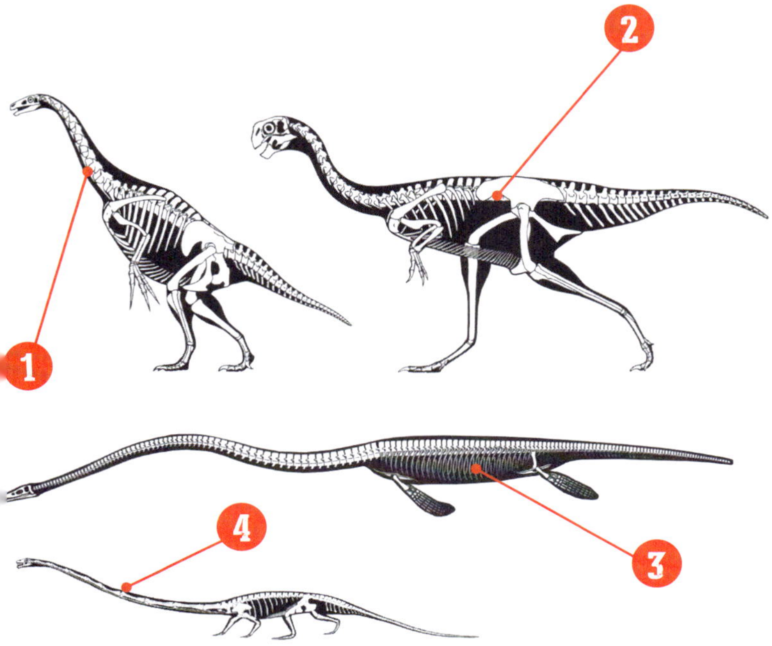

1 *Therizinosaurus*
2 *Gigantoraptor*
3 *Elasmosaurus*
4 *Tanystropheus*

EIN KAMPF AUF LEBEN UND TOD

„Los, das sehen wir uns an!“ Enid deutet auf zwei kampfbereite Dinosaurier und setzt ihre Brille auf.

„Huh!“ Julian bekommt einen Schreck, als sich ein großer *Stegosaurus* aus dem Dickicht des Waldes auf sie zubewegt. „Der ist ja riesig. Schon seine Vorderbeine sind länger als ich und erst die Hinterbeine ...“ Der Dinosaurier bleibt stehen und rupft mit seinem scharfkantigen Schnabel Blätter von den Bäumen und Farne vom Boden.

„Sieh dir bloß mal diese Stacheln am Schwanz an. Unheimlich!“

Plötzlich sind schnelle, schwere Schritte zu hören und zwischen den Bäumen taucht ein *Allosaurus* mit weit aufgerissenem Maul auf.

GEFÄHRLICHER GEGNER

Boah!" Julian kann die vielen scharfkantigen Zähne genau erkennen, so dicht ist der Raubsaurier inzwischen herangekommen. Auch der *Stegosaurus* hat den Jäger bemerkt und schwingt seinen Schwanz mit den spitzen Stacheln gegen den Hals des *Allosaurus*. Ein fürchterliches Gebrüll folgt auf den Treffer. Doch der Fleischfresser gibt nicht auf. Er schlägt seinen Kiefer in die Seite des *Stegosaurus* und greift ihn am Hals mit seinen hakenförmigen Krallen an. Der Pflanzenfresser wehrt sich heftig und schleudert immer wieder seine Stacheln in Richtung seines Feindes.

Enid und Julian setzen die Brillen ab. „Was für ein schrecklicher Kampf!" Enid ist noch ganz erschüttert. „Glaubst du, ein *Stegosaurus* konnte gegen einen *Allosaurus* gewinnen?" Sie schaut Julian fragend an. „Vielleicht", antwortet er.

Durch die Knochenplatten wirkte der Pflanzenfresser noch größer, als er war.

Stegosaurus war nur einer unter verschiedenen Stegosauriern, jedoch der größte. Allen gemeinsam waren die Knochenplatten auf dem Rücken und die Stacheln am Schwanzende, an denen man sie leicht erkennt. Sie dienten nicht nur zur Abschreckung, sondern halfen auch dabei, die Körpertemperatur anzupassen. Wenn *Stegosaurus* die flachen Seiten der Platten in die Sonne hielt, speicherten sie Wärme. Sie kühlten, wenn er sich von der Sonne abwandte oder in den Wind stellte.

STEGOSAURUS

Dachechse

LÄNGE: 9 Meter
NAHRUNG: Blätter, Farn
LEBENSRAUM: offenes Waldland
FUNDGEBIETE: Nordamerika, Europa, Asien, Afrika

Die Stacheln am Schwanz des *Stegosaurus* wurden bis zu einem Meter lang.

GEWALTIGES MAUL

Allosaurus war einer der größten Raubsaurier im Erdzeitalter Jura. Er konnte schnell und ausdauernd laufen und jagte wahrscheinlich im Rudel. Hatte er ein Beutetier gestellt, biss er mit seinen langen Zähnen zu und riss mit einem Ruck große Stücke Fleisch heraus. Der Raubsaurier konnte sein Maul sehr weit öffnen und hieb mit dem Oberkiefer auf seine Opfer ein. Verlor er bei dieser brutalen Attacke einen Zahn, war das nicht weiter schlimm. Seine messerscharfen gebogenen Zähne wuchsen regelmäßig nach.

Wehrhafte Stacheln

Ein *Stegosaurus* konnte einem *Allosaurus* sehr wohl tödliche Wunden beibringen. Das belegen Fossilienfunde. Man fand einen Hüftknochen, der von einem Stachel durchbohrt worden war.

ALLOSAURUS

Andere Echse

LÄNGE: 12 Meter
NAHRUNG: große Pflanzenfresser
LEBENSRAUM: offenes Gelände
FUNDGEBIETE: Nordamerika, Europa, Afrika

Allosaurus erkennt man gut an seinen hornartigen Höckern über den Augen. Seine Zähne wurden bis zu zehn Zentimeter lang.

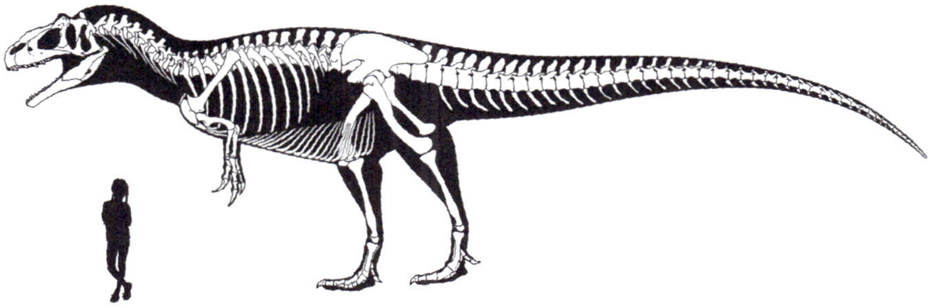

Im großen Schädel des *Allosaurus* gab es Hohlräume. Dadurch war er leichter.

GUTE ELTERN

Enid betritt den nächsten Raum. „Jetzt sind wir in der Kreide, dem letzten Erdzeitalter, in dem Dinosaurier lebten. Ich bin gespannt, was uns hier erwartet", sagt sie. ‚Maiasaurier' steht auf dem Schild. „Kennst du die?", fragt Julian. „Noch nicht, aber gleich", antwortet Enid und setzt die Brille auf. „Wie süß! Schau mal, die vielen Eier in den Nestern. Und dort schlüpft gerade ein Kleines!" Enid ist total begeistert.

„Ich habe mir die Eier viel größer vorgestellt", meint Julian. „Die Tiere sind bestimmt sieben Meter lang und die Eier so winzig."

KÜKEN OHNE FEDERN

Gebannt verfolgen die Kinder, wie sich ein weiterer kleiner Dinosaurier von der Schale befreit. „Da, der Schnabel ist zu sehen. Er sieht aus wie eine kleine Ente, wenn er sich so aus dem Ei schält. Nur die Federn fehlen."

„Drei, vier, fünf, sechs, sieben." Julian hat die Nester gezählt. In allen Nestern sind schon Maiasaurier geschlüpft, aber es sind auch noch jede Menge Eier ohne Risse zu sehen. „Die Nester sehen seltsam aus", findet Enid. „Warum bauen die Maiasaurier sie mit so einem hohen Rand und woraus sind sie gemacht?" – „Sieht aus wie Lehm oder Schlamm und innen sind sie mit Pflanzenresten gepolstert." Julian hat freie Sicht auf das Nest direkt vor ihm. „Dahinten kümmert sich eine Mutter gerade um die Kleinen. Es sieht so aus, als würde sie sie füttern. Sind das Beeren in ihrem Maul?"

MAIASAURA

Gute Mutterechse

LÄNGE: 7 Meter
NAHRUNG: Pflanzen
LEBENSRAUM: bewaldete Flussufer
FUNDGEBIETE: Nordamerika

Nach dem Schlüpfen sind die Jungtiere noch hilflos.

Ein ausgewachsener *Maiasaura* wog etwa zwei bis drei Tonnen.

Besonderer Schnabel

Ein herausragendes Merkmal der *Maiasaura* war die flache, breite Schnauze, die an den Schnabel von Enten erinnert.

Versteinertes *Maiasaura*-Jungtier

KINDERSTUBE DER DINOSAURIER

Wissenschaftler fanden am Egg Mountain in Montana, das ist ein Bundesstaat in den USA, eine ganze Reihe versteinerter Nester von Maiasauriern. Die Nester waren einen Meter hoch, aus Schlamm gebaut und hatten eine Mulde in der Mitte. Wie eine Schüssel. Darin standen die rund zwanzig Zentimeter langen Eier aufrecht nebeneinander.
Die Forscher gehen davon aus, dass die Maiasaurier sich um ihre Jungen kümmerten, ähnlich wie die meisten Vögel heute. Die geschlüpften Jungtiere blieben noch so lange im Nest, bis sie sich alleine ernähren konnten.

Gut beschützt

In der Wüste Gobi entdeckte man 1993 die Überreste eines *Oviraptors*. Seine Arme waren schützend über die Eier im Nest gebreitet.

Oviraptor hatte Federn und trug einen Kamm am Kopf.

Dinosauriereier wurden entweder im Sand vergraben oder mit Pflanzen abgedeckt, um sie warm zu halten und von der Sonne ausbrüten zu lassen. Einige Dinosaurier brüteten ihre Eier aber auch selbst aus.

Dinosauriereier waren rund, oval oder länglich.

Wie Vogeleier hatten die Eier von Dinosauriern eine harte Schale aus Kalk. Waren die Jungen weit genug entwickelt, knackten sie die Schale von innen auf. Das gelang ihnen aber nur, wenn sie selbst stark genug waren. Deshalb sind die Eier von Dinosauriern im Verhältnis zu den ausgewachsenen Tieren sehr klein. Die größten Eier sind gerade mal so groß wie ein Fußball. Bei größeren Eiern müsste auch die Schale härter sein, und die Jungen kämen nicht heraus.

Eier-Rekord

In der chinesischen Stadt Heyuan wurden schon über 17 000 versteinerte Dinosauriereier ausgegraben.

Manche Dinosaurier brüteten in großen Gruppen. Deshalb findet man heute viele versteinerte Nester und Eier an einer Stelle.

PFLANZEN UND TIERE IN DER KREIDEZEIT

In der Kreide entwickelten sich die ersten Laubbäume und Blütenpflanzen. Die Magnolie war eine von ihnen. Farne und Nadelgehölze machten Platz für die Vorläufer unserer Laubbäume: Birken, Buchen, Platanen und Eichen. Ihre Blätter, Blüten und Samen lieferten den Pflanzenfressern zusätzliche Nahrung.

Es wird bunt!

Im Jura waren die Wälder noch ausschließlich grün. In der Kreidezeit tauchten dann Blüten auf und machten die Wälder bunter.

Sauropoden waren die größten Landtiere auf der Erde. Mit ihren langen Hälsen konnten sie auch die Blätter der höchsten Bäume erreichen.

Am Himmel lauerten große Räuber. *Quetzalcoatlus* war mit einer Flügelspannweite von bis zu 13 Metern der größte unter den Flugsauriern. Er jagte kleine Dinosaurier am Boden, die er mit dem langen Schnabel schnappte und im Ganzen verschluckte. Zähne zum Kauen hatte er nicht. *Pteranodon* besaß ebenfalls einen langen zahnlosen Schnabel, jagte aber aus der Luft nach Fischen.

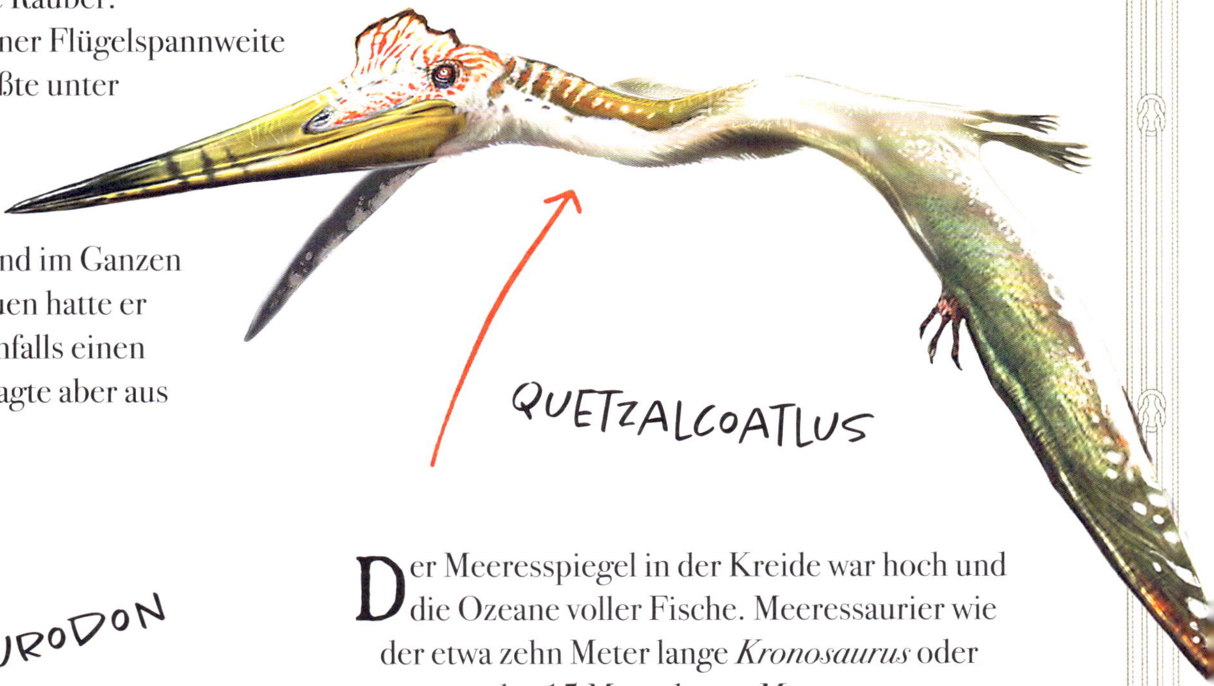

Der Meeresspiegel in der Kreide war hoch und die Ozeane voller Fische. Meeressaurier wie der etwa zehn Meter lange *Kronosaurus* oder der 15 Meter lange *Mosasaurus* waren gefürchtete Räuber, die sich schnell und wendig im Wasser bewegten. Sie hatten einen kräftigen Kiefer mit scharfen Zähnen und konnten auch große Beutetiere wie Ammoniten, Schildkröten und andere Meeresreptilien angreifen.

Der fleischfressende *Liopleurodon* wurde bis zu 12 Meter lang und hatte mehrere große Fangzähne.

Die Dinosaurier erlebten in der Kreide ihre Glanzzeit. Viele neue Arten mit auffälligen Formen entstanden. Keulen, Stacheln, Hörner und Kämme waren ebenso darunter wie riesige Mäuler mit unzähligen Zähnen. Einer der bekanntesten Dinosaurier dieser Zeit war *Tyrannosaurus Rex*.

Tyrannosaurus Rex war ein gefürchteter Räuber.

DER TOD IN DER DÜNE

„Hier ist wieder ein Kampf zu sehen. *Velociraptor* gegen *Protoceratops*." Julian deutet auf ein Schild mit Brillensymbol. „Das ist sicher spannend", sagt Enid und setzt die Brille auf. Sofort befindet sie sich in einer Art Wüste. Ein Wasserloch ist zu sehen, an dem mehrere kleine Dinosaurier stehen und trinken. „Das müssen *Protoceratops* sein", vermutet Enid. „Sie haben so einen Nackenschild wie der *Triceratops,* sind aber viel kleiner." – „Stimmt!" Julian zeigt auf die Tiere am Wasser. „Größer als ein Schwein sind die hier bestimmt nicht."

TÜCKISCHER SAND

Plötzlich huscht hinter einem niedrigen Gebüsch ein Tier mit Federn hervor „Hui, wie schnell der ist. Das muss der *Velociraptor* sein. Jetzt haben die *Protoceratops* ihn bemerkt."
Sofort fliehen die Tiere in verschiedene Richtungen. Der *Velociraptor* holt einen *Protoceratops* am Fuß einer großen Düne ein. Dort springt er auf den Rücken seiner Beute und schlägt seine Krallen in die dicke Haut.

„Mann, hast du die fiesen Krallen an den Hinterbeinen gesehen? Die sind krumm wie Säbel."
Enid verfolgt aufgeregt, wie der Angreifer den *Protoceratops* in die Knie zwingt. Obwohl er sich gegen den Räuber zur Wehr setzt, hat er gegen ihn kaum eine Chance. „Der *Velociraptor* gewinnt den Kampf", ist sich Enid sicher. Doch der *Protoceratops* hat noch nicht aufgegeben, schnappt mit seinem

Schnabel nach einer Kralle und beißt kräftig zu. Da kommt der Sand der Düne ins Rutschen und begräbt die kämpfenden Tiere unter sich. „Oh“, Julian macht große Augen. „Ob sie sich aus dem Sand befreien können?“

Unter dem Sand

In der Wüste Gobi entdeckten Wissenschaftler 1971 die Skelette von zwei Dinosauriern, einem *Velociraptor* und einem *Protoceratops*, die während eines Kampfes unter einer Sanddüne den Tod gefunden hatten.

JÄGER UND GEJAGTE

Velociraptoren waren nicht besonders groß und schwer. Sie erreichten eine Höhe von etwa 50 Zentimetern und wurden ungefähr 15 Kilogramm schwer. Trotzdem waren sie gefährliche Räuber. Sie liefen schnell auf zwei Beinen und hatten große Greifhände mit jeweils drei kräftigen, scharfen Krallen. Die Fußkralle war noch bedrohlicher. Sie befand sich an der zweiten Zehe, war stark gekrümmt und im Kampf eine tödliche Waffe. Bis zu 56 Zähne saßen in der langen Schnauze. Damit konnte *Velociraptor* hervorragend Fleisch von Knochen lösen.

VELOCIRAPTOR
Schneller Räuber

LÄNGE: 2 Meter
NAHRUNG: kleine Dinosaurier, Säugetiere
LEBENSRAUM: Buschsteppen, Wüsten
FUNDGEBIETE: Mongolei, China

Dinosaurier in Hundegröße

Die lange Fußkralle wurde beim Laufen hochgehalten.

Protoceratops gelten als die Vorfahren der grossen Ceratopsier, wie *Triceratops*. Sie wurden nur rund 80 Zentimeter hoch, waren dabei aber stämmig gebaut und wogen ausgewachsen um die 180 Kilogramm. Wissenschaftler gehen davon aus, dass die Pflanzenfresser in Gruppen lebten und auf der Suche nach Nahrung umherzogen. Mit ihrem kräftigen Schnabel und Kiefer konnten sie jede Pflanze zerkleinern und wohl auch nach Wurzeln und Knollen graben.

Protoceratops hatte einen mächtigen Schädel.

PROTOCERATOPS

Erstes Horngesicht

LÄNGE: 2 Meter
NAHRUNG: Pflanzen
LEBENSRAUM: Buschsteppen, Wüsten
FUNDGEBIETE: Mongolei, China

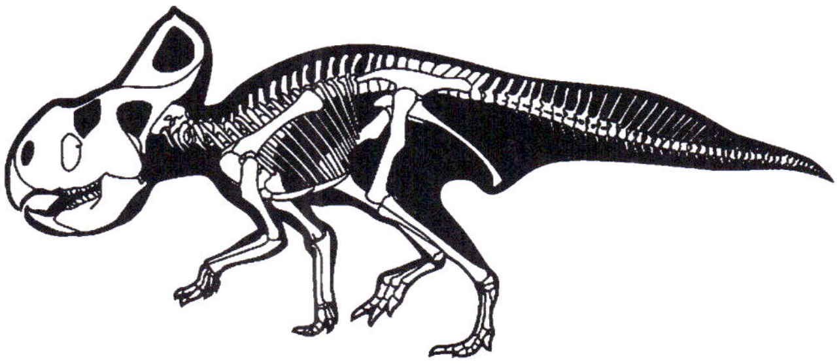

Auch *Protoceratops* gehörte zu den kleinen Dinosauriern.

EINER GEGEN ALLE

„Da ist er!“ Julian kann es kaum erwarten, sich *Tyrannosaurus Rex* mit der Brille genauer anzusehen. Er und Enid sehen eine Herde *Triceratops* vorüberziehen. Plötzlich nähert sich ein *T-Rex*. „Er greift die Herde an, ganz alleine! Ob das gut geht?“ Die Herde bildet einen Kreis um die Jungtiere. Dort ist der sicherste Platz. „An die Jungen kommt er nicht mehr heran, jetzt muss er gegen die Eltern kämpfen.“ Julian findet das sehr mutig. Der Raubsaurier verbeißt sich mit Wucht in den Schädel eines *Triceratops*. Der wehrt sich aber und auch die anderen *Triceratops* stoßen ihre Hörner immer wieder in die Seite des großen Raubsauriers.

DER GEWALTIGSTE RÄUBER ALLER ZEITEN

Julian ist sich da sicher. „Einer alleine hätte gegen den *T-Rex* keine Chance gehabt. Den hätte er fertiggemacht!“.
„Ja, wahrscheinlich“, stimmt Enid zu. „Hier steht, *Tyrannosaurus Rex* war der mächtigste Räuber an Land.“

„Mit seinem kräftigen Kiefer und den stabilen Zähnen konnte *Tyrannosaurus Rex* Knochen zerbeißen. Den Beweis dafür fanden Wissenschaftler im versteinerten Dinosaurierkot“, liest Enid vor. „Ihhh, Dinokacke!“ Julian verzieht angewidert das Gesicht. Enid verdreht die Augen. „Es geht noch weiter. Die Beine waren sehr kräftig. Seine Ärmchen waren dagegen winzig. Er benutzte sie, um Beute zu packen.“

TYRANNOSAURUS

Tyrannenechse

LÄNGE: 13 Meter
NAHRUNG: Dinosaurier, Aas
LEBENSRAUM: Wälder, Sümpfe
FUNDGEBIETE: Nordamerika

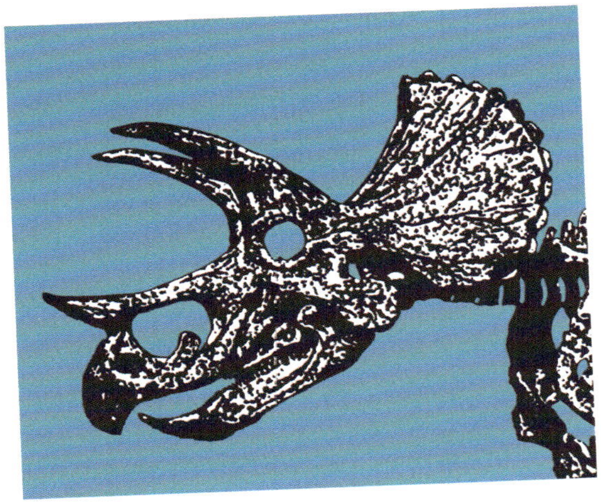

TRICERATOPS

Dreihorngesicht

LÄNGE: 9 Meter
NAHRUNG: Pflanzen
LEBENSRAUM: bewaldete Ebenen
FUNDGEBIETE: Nordamerika

Die Kinder laufen weiter zu einem Modell eines *Triceratops*. Das Modell darf berührt werden und hat an verschiedenen Stellen Knöpfe. Wenn man sie drückt, hört man Informationen aus dem Lautsprecher.

1 *Die beiden Hörner wurden über einen Meter lang und waren sehr stabil. Über dem Schnabel saß ein drittes, wesentlich kleineres Horn.*
2 *Der Schädel des* Triceratops *gehört mit einer maximalen Länge von 2,5 Metern zu den größten Dinosaurierschädeln überhaupt.*
3 *Der große Nackenschild wirkte auf andere Tiere vermutlich bedrohlich. Er schützte den Nacken des* Triceratops *bei Angriffen und war mit schuppiger Haut bedeckt.*
4 Triceratops *lief auf allen vier Beinen. An den Vorderfüßen hatte er drei Krallen.*

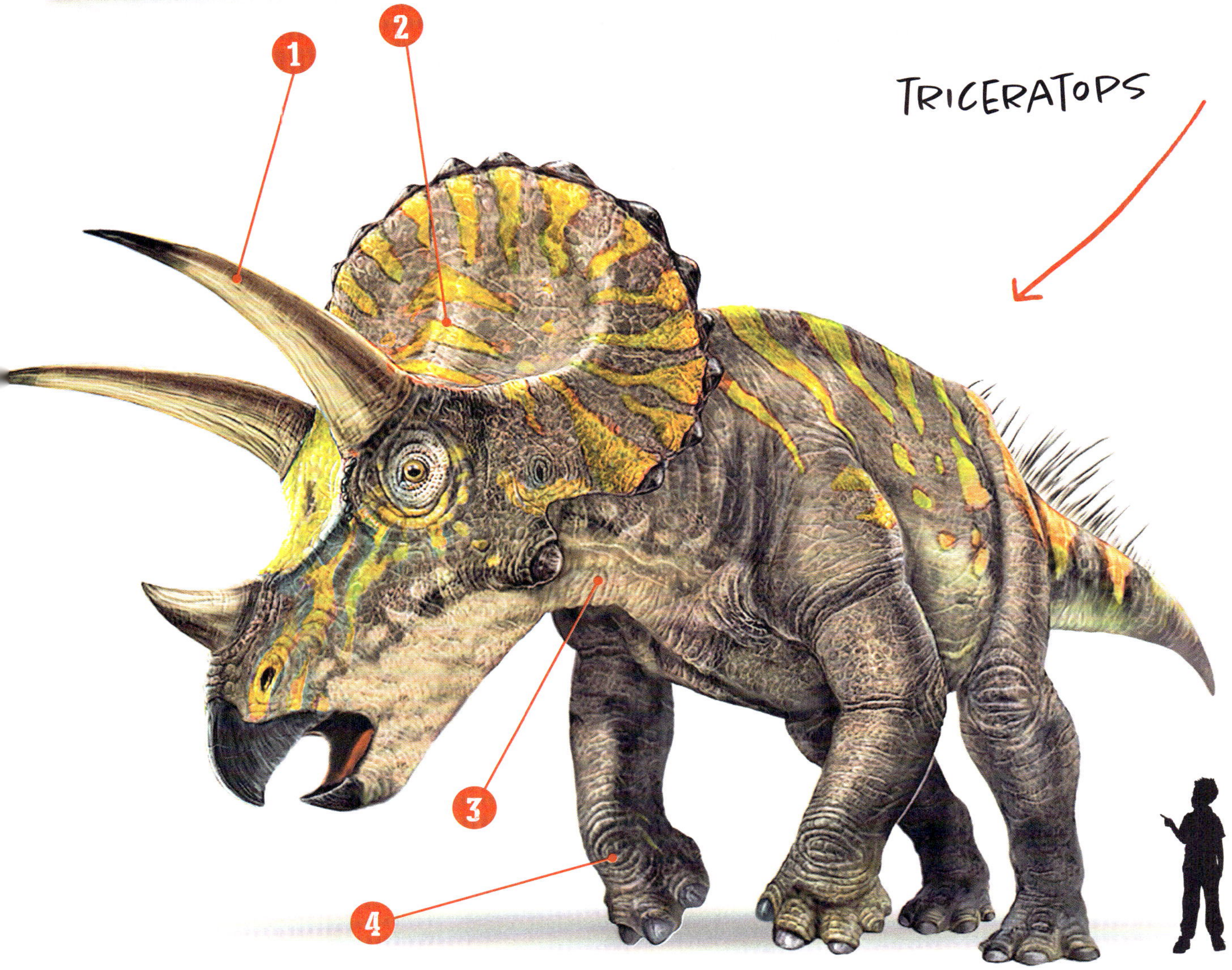

SPINOSAURUS

Stachelechse

LÄNGE: 15 Meter
NAHRUNG: Dinosaurier, Fische
LEBENSRAUM: bewaldete Flusstäler
FUNDGEBIETE: Afrika (Ägypten, Marokko)

MIT KEULE, SEGEL UND TROMPETE

Das muss der Dino mit dem Segel sein." Enid steht neben einem riesigen *Spinosaurus*. „Siehst du den komischen Rücken? Mal sehen, was hier steht." Sie liest laut vor: „Vom Rücken der Spinosaurier ragten Dornfortsätze wie Rippen fast zwei Meter in die Höhe. Sie waren mit Haut bespannt. Zusammen bildeten sie das Segel oder den Kamm. *Spinosaurus* konnte schwimmen und ernährte sich von Fischen, die er mit seiner langen Schnauze fing. Er war mit 15 Metern Länge und einem Gewicht von rund 20 Tonnen der größte fleischfressende Dinosaurier."

Julian läuft zum *Ankylosaurus* und ruft: „Der hier hat eine Keule. Wenn du von der getroffen wirst ... Autsch!“
Enid verzieht das Gesicht, als hätte sie Schmerzen. „Irgendwie musste er sich ja gegen die Fleischfresser zur Wehr setzen und außer der Keule und seinem Panzer hatte er keinen Schutz“, meint sie.
Julian deutet auf die Augenlider des tonnenförmigen Pflanzenfressers. „Schau mal, selbst die Lider sind gepanzert. Cool!“

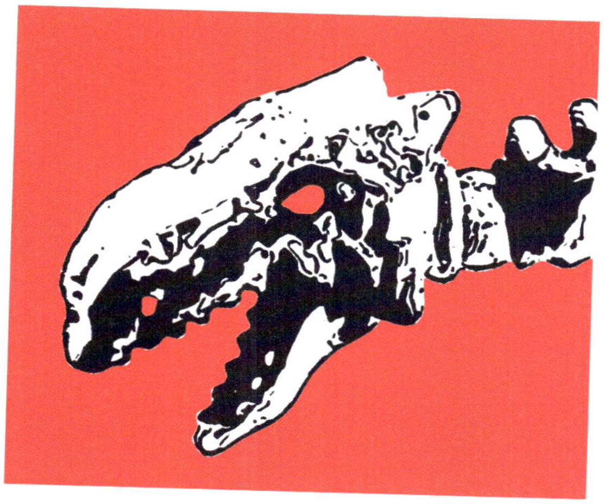

ANKYLOSAURUS

Gekrümmte Echse

LÄNGE: 10 Meter
NAHRUNG: Pflanzen
LEBENSRAUM: Wälder
FUNDGEBIETE: Nordamerika, Südamerika

PARASAUROLOPHUS

Fast eine Kammechse

LÄNGE: etwa 10 Meter
NAHRUNG: Pflanzen
LEBENSRAUM: Sümpfe, Wälder
FUNDGEBIETE: Nordamerika

DINOSPRACHE

Enid dreht sich in alle Richtungen. „Und die Trompete? Siehst du einen Dino mit Trompete? Hier ist nur noch der Dinosaurier mit dem komischen Kamm auf dem Kopf: *Parasaurolophus*." Enid liest den Text auf der Infotafel und lacht. „Die Trompete ist der Kamm! Er ist innen hohl und Forscher glauben, dass der Dinosaurier damit laute Töne von sich gegeben hat. Dazu hat er die Luft ausgestoßen, wie bei einer Trompete. Diese Dinosaurier lebten in Herden und wahrscheinlich haben sich die Tiere mit den Geräuschen untereinander verständigt."

Mit einem Computermodell fand man heraus, dass sich mit dem Kamm Töne erzeugen lassen, die einem Nebelhorn sehr ähnlich sind.

EDMONTOSAURUS

Echse aus Edmonton

LÄNGE: 13 Meter
NAHRUNG: Pflanzen
LEBENSRAUM: Sümpfe, Wälder
FUNDGEBIETE: Nordamerika

Enid zeigt auf das Modell neben dem *Parasaurolophus*. „Und das da ist ein *Edmontosaurus*. Die sehen sich ziemlich ähnlich", meint sie. „Kein Wunder, hier steht, der gehört wie sein Freund mit der Trompete dort drüben zur Gruppe der Entenschnabelsaurier, der Hadrosaurier." Julian ergänzt: „Hier steht auch, dass er ebenfalls trompetenartige Laute von sich geben konnte. Dazu hat er die Haut an der Oberseite der Nase aufgeblasen wie einen Luftballon. So soll eine Art lautes Brüllen entstanden sein."
„Das hätte ich zu gerne mal gesehen und gehört", seufzt Enid.
„Wahrscheinlich hättest du dir die Ohren zugehalten, so laut wie das gewesen sein muss", ist sich Julian sicher.

EDMONTOSAURUS

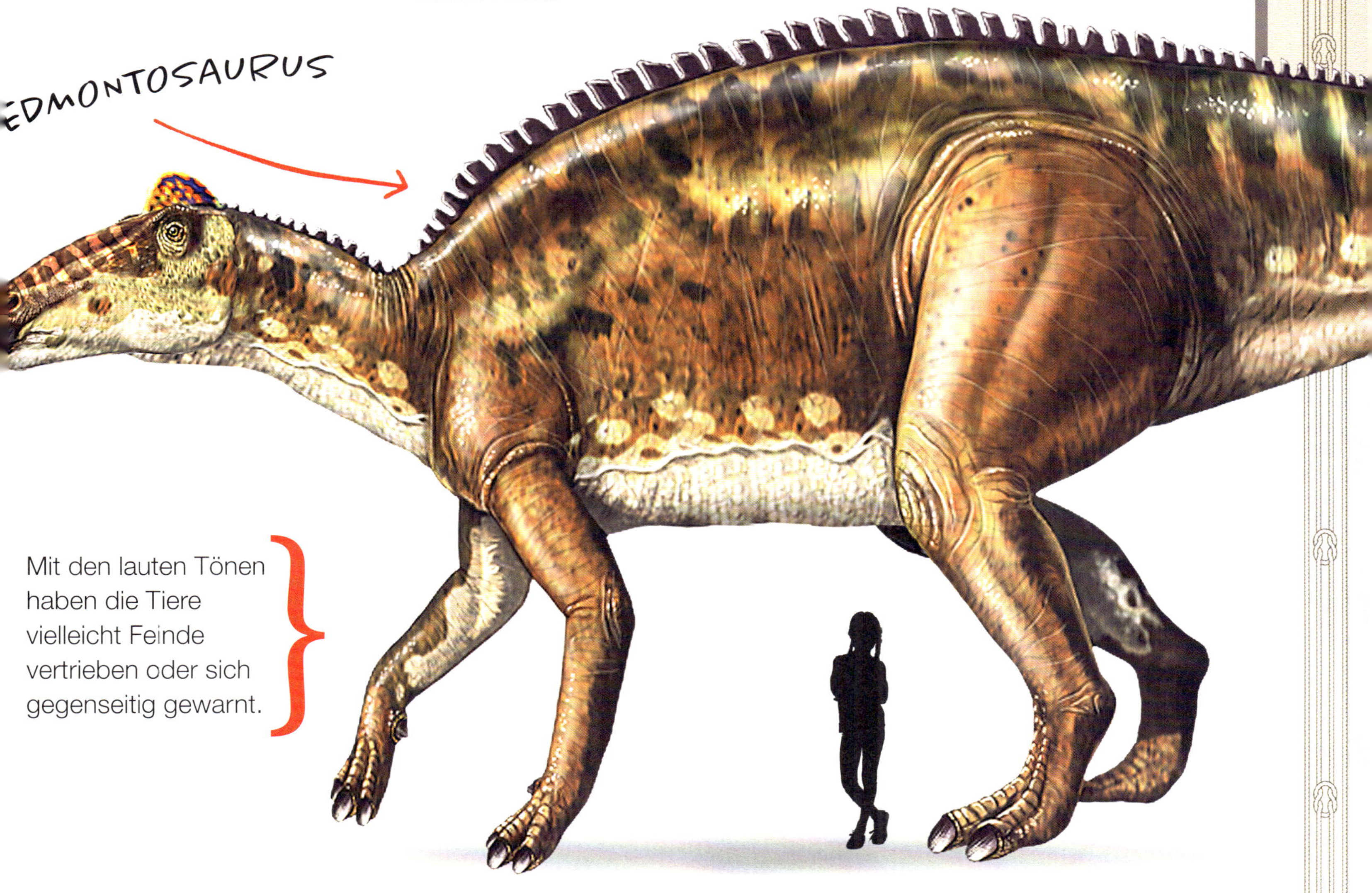

Mit den lauten Tönen haben die Tiere vielleicht Feinde vertrieben oder sich gegenseitig gewarnt.

DAS ENDE DER DINOSAURIER

Enid und Julian sind am Ende des Rundgangs angekommen. „Oje, jetzt sterben die Dinosaurier aus.“ Julian findet es schade, dass es heute keine lebenden Dinosaurier mehr gibt. Enid ist ganz froh, dass sie den Wald oder den Strand nicht mit so großen und gefährlichen Tieren teilen muss. Beide lesen die letzte Infotafel: „Der Einschlag eines Meteoriten auf der Halbinsel Yucatán vor etwa 65 Millionen Jahren könnte ein Grund für das Aussterben der Dinosaurier gewesen sein. Vulkanausbrüche, Überschwemmungen und Klimaveränderungen sind ebenso als Ursache denkbar. Allerdings war dieses Ende auch ein Neuanfang.“

EIN NEUES ZEITALTER BEGINNT

Als der riesige Gesteinsbrocken aus dem All auf der Erde aufschlug, entstand ein Krater von zehn Kilometern Durchmesser. Im Umkreis von 3000 Kilometern verbrannte alles Leben. Durch den Einschlag bildeten sich meterhohe Wellen, die auch noch weit entfernte Landstriche überfluteten. Vulkane brachen aus und bedeckten die Erde mit rot glühender Lava. Asche verdunkelte über Monate die Sonne. Es wurde spürbar kälter.

Erdmittelalter = Mesozoikum

JURA

KREIDE

145 Millionen Jahre

Viele Tiere und Pflanzen starben direkt durch den Meteoriten, andere im Laufe der Zeit an seinen Auswirkungen. Die Luft war voll mit giftigen Dämpfen und viele Pflanzen gingen ein. Die großen Pflanzenfresser fanden nicht mehr genügend Nahrung und verhungerten ebenso wie die Fleischfresser nach ihnen. Insgesamt dauerte es ungefähr eine Million Jahre, bis die Dinosaurier ausgestorben waren. Ihr Ende markiert den Beginn eines neuen Zeitalters: die Erdneuzeit.

NACH DEM METEORITENEINSCHLAG GAB ES EINE GEWALTIGE EXPLOSION

Kleine Säugetiere, Amphibien, Insekten und Vögel zählten zu den Überlebenden. Und so waren dann doch nicht alle Dinosaurier für immer von der Erde verschwunden. Denn ein kleiner Zweig des Dinosaurier-Stammbaums hat sich weiterentwickelt. Aus fleischfressenden Reptilien wie *Compsognathus* oder *Tyrannosaurus Rex* entwickelten sich im Lauf der Zeit die Vögel.

Tod aus dem All

Durch den Einschlag des Meteoriten auf dem nordamerikanischen Kontinent im Gebiet des heutigen Mexiko starben etwa die Hälfte aller Landtiere, bei den Lebewesen im Meer waren es sogar 80 Prozent.

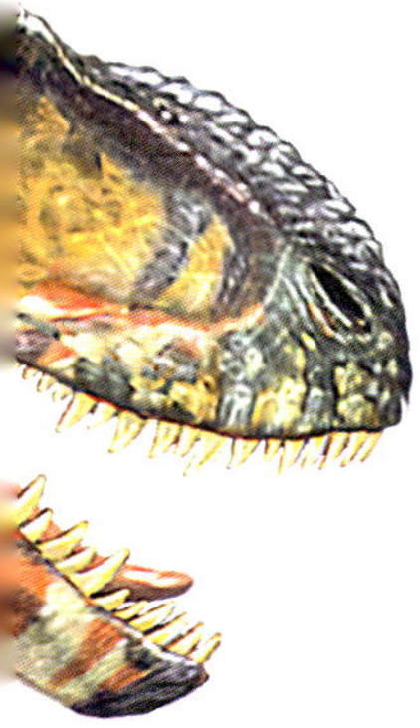

Erdneuzeit = Känozoikum

Heute

Einschlag Meteorit

65 *Millionen Jahre*

DIE ZEIT DER SÄUGETIERE

Das Aussterben der Dinosaurier schuf Platz auf der Erde. Den nutzten die Säugetiere, die sich von kleinen unscheinbaren Tieren zu einer Vielzahl von großen Arten entwickelten.

Doedicurus clavacaudictus, Argentinien

Das Riesengürteltier *Doedicurus* wurde bis zu vier Meter lang. Es war mit einem starken Panzer geschützt und hatte zur Verteidigung am Schwanz zusätzlich eine knöcherne Keule mit vielen Stacheln.

DOEDICURUS

GLYPTODON

MEGATHERIUM

Glyptodon, ebenfalls ein Riesengürteltier, erreichte eine Länge von 3,3 Metern. Es besaß einen kuppelförmigen Rückenpanzer und einen Schwanzpanzer aus beweglichen Ringen. Beide Tierarten ernährten sich von Gras und lebten in Südamerika.

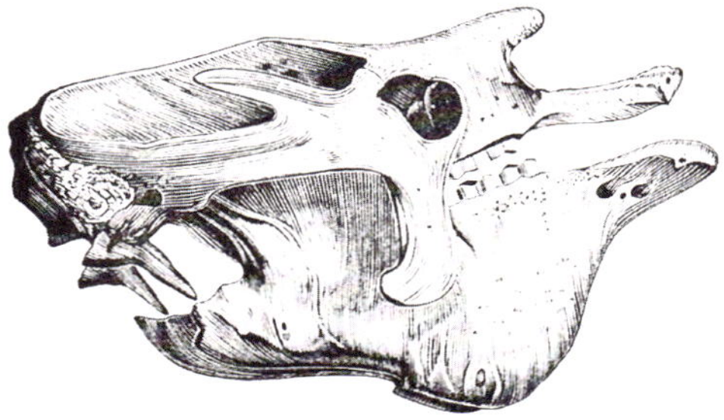

Schädel eines *Megatheriums*

Das Riesenfaultier *Megatherium* wurde bis zu sechs Meter lang und damit so groß wie ein Elefant.

Beuteltiere gehören zu den ältesten Säugetieren der Welt. Ihre Jungen wachsen im Beutel der Muttertiere heran, bis sie voll ausgereift sind. Das Riesenkänguru *Procoptodon* wurde drei Meter groß und lebte wie seine Nachfahren, die modernen Kängurus, in Australien.

PROCOPTODON

DIPROTODON

In Australien war auch das größte Beuteltier der Welt zu Hause: *Diprotodon*. Der Pflanzenfresser konnte drei Meter lang und zwei Meter hoch werden. Weit über zwei Tonnen Gewicht brachte der riesige Vorfahr vom Wombat auf die Waage. Mit seinen großen Schneidezähnen rupfte er Blätter von Zweigen, schabte Rinde von Bäumen oder grub Wurzeln aus. Die Nahrung zerkleinerte er mit seinen starken Mahlzähnen.

Ein Wombat

IMMER GRÖSSER

Brontotherium sah ähnlich aus wie ein heutiges Nashorn, allerdings trug er statt einem zwei knöcherne Hörner auf dem großen Schädel. Der Pflanzenfresser konnte drei Tonnen schwer werden und lebte im heutigen Nordamerika.

BRONTOTHERIUM

PARACERATHERIUM

Mit den Nashörnern verwandt war auch *Paraceratherium,* das größte Landsäugetier aller Zeiten. Mit einer Schulterhöhe von 5,5 Metern war das Tier so groß, dass es die Blätter direkt aus der Baumkrone fressen konnte.

Die großen Tiere konnten bis zu 20 Tonnen wiegen.

In einer Welt, in der große Pflanzenfresser lebten, mussten auch die Fleischfresser entsprechend groß sein, um Beute zu machen. Zu den größten von ihnen gehörte *Andrewsarchus*. Der Allesfresser wurde vier Meter lang, hatte kräftige Beine und einen starken Kiefer, mit dem er sogar Knochen knacken konnte.

ANDREWSARCHUS

Reproduktion eines *Andrewsarchus*, Dino-Zoo, Charbonnières-les-Sapins

SMILODON

Eine *Smilodon*-Skulptur, La Plata Museum, Argentinien

Smilodon, eine Säbelzahnkatze, war dagegen „nur" zwei Meter lang, nahm es aber mit den großen Pflanzenfressern auf. Besonders gefährlich waren die beiden langen oberen Eckzähne, die wie Dolche tiefe Wunden verursachen konnten.

Deinotherium war ein Vorfahre der Elefanten, allerdings war er größer. Seine Schulterhöhe konnte vier Meter betragen und er soll sagenhafte 14 Tonnen gewogen haben. Die Stoßzähne zeigten nach unten und das Tier hatte einen Rüssel, der vermutlich kürzer war als der von heutigen Elefanten.

DEINOTHERIUM

ÜBERRESTE DER DINOSAURIER

Im Außengelände des Museums wartet eine große Grube auf die Kinder. Eine Mitarbeiterin erklärt: „In dieser Grube haben wir ein Dinosaurier-Skelett für euch vergraben. Das ist natürlich nicht echt, die Größe stimmt aber. Wie echte Archäologen könnt ihr die Knochen freilegen. Mit der Kelle entfernt ihr zuerst grobes Material, also Steine, Erdbrocken oder Kiesel. Wenn ihr auf einen Knochen gestoßen seid, braucht ihr die Bürste. Damit könnt ihr dann den feinen Sand abputzen. Am Ende überlegen wir gemeinsam, um welchen Dinosaurier es sich handelt.“
Enid und Julian fangen begeistert an zu graben.

WIE ENTSTEHEN FOSSILIEN?

Der Museumsmitarbeiter erklärt: „Unser Wissen über die Dinosaurier verdanken wir den Fossilien, also den versteinerten Knochen. Und so entstehen sie: Wenn ein Dinosaurier starb, zum Beispiel weil er in einem Fluss ertrank, dann verwesten alle weichen Körperteile wie sein Herz oder die Haut. Der Rest des Körpers wurde dann von immer mehr Schlamm und Sand bedeckt und zusammengepresst. Mineralien sickerten in die Knochen und Zähne ein und machten sie allmählich hart wie Stein. Das dauerte viele Jahrmillionen. Durch die Bewegung der Erde gelangten manche Versteinerungen später wieder an die Oberfläche, wo sie gefunden wurden."
„Guck mal, es gibt ganz verschiedene Fossilien", Julian deutet auf eine Infotafel. „Stimmt!" Enid zählt sie auf: „Knochen und Zähne, Trittspuren, Eier, Haut und Tierkot. Ich kannte bisher nur die Knochen."

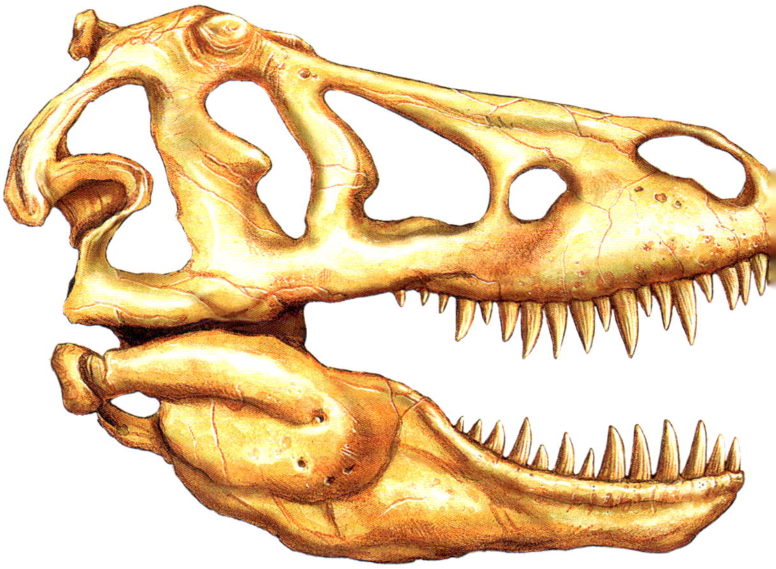

Versteinerter Schädel eines *Tyrannosaurus Rex*

Aus versteinertem Kot erfahren wir etwas über die Nahrungsgewohnheiten der Tiere. Wir wissen auch, dass Dinosaurier Eier legten.

Versteinerte Zähne von Dinosauriern verraten, ob das Tier ein Fleisch- oder Pflanzenfresser war.

Trittspuren verraten uns etwas über die Größe der Tiere, ihre Fortbewegungsart und auch, ob sie in einer Herde lebten.

Abdrücke von Federn und Haut geben Hinweise darauf, wie der Dinosaurier aussah.

WAS KNOCHEN VERRATEN

Von 1909 bis 1913 unternahmen Berliner Naturforscher eine Expedition nach Tendaguru in Tansania (Afrika). Dort gruben sie insgesamt 250 Tonnen Fossilien aus, darunter viele Brachiosaurier-Knochen. Ein fast vollständiges Skelett steht heute im Museum für Naturkunde in Berlin. 2009 wurde aus dem *Brachiosaurus* dann ein *Giraffatitan*. Forscher hatten festgestellt, dass sich die Knochen der Brachiosaurier aus Nordamerika deutlich von denen unterschieden, die man in Afrika gefunden hatte. Deshalb wählte man für die neuen Dinosaurier aus Afrika den Namen *Giraffatitan*.

Eine Karte Tansanias aus der Zeit der Tendaguru-Expedition

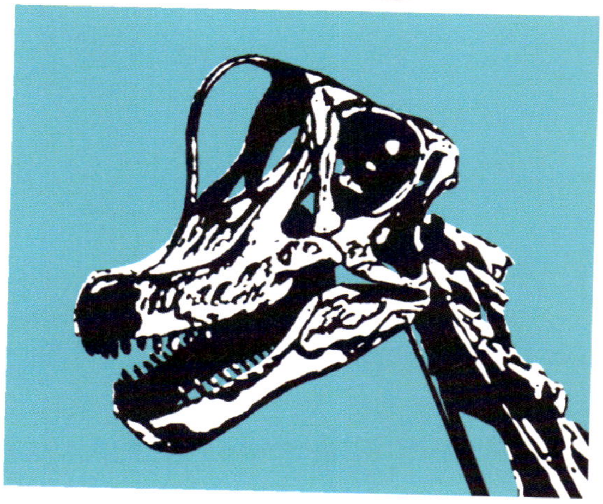

GIRAFFATITAN

Titanische Giraffe

LÄNGE: bis zu 23 Meter

NAHRUNG: Blätter

LEBENSRAUM: Waldgebiete

FUNDGEBIETE: Afrika

DEINOCHEIRUS MIRIFICUS

Schreckliche Hand

LÄNGE: 11 Meter
NAHRUNG: Pflanzen, Fische
LEBENSRAUM: an Flüssen und Seen
FUNDGEBIETE: Mongolei

Ein Paar zwei Meter lange Armknochen mit riesigen Klauen, die vor mehr als 50 Jahren gefunden wurden, gaben große Rätsel auf. Wie sah ein Dinosaurier mit so ungewöhnlichen Armen aus? Später entdeckte man weitere Knochen und konnte daraus ein vollständiges Skelett zusammenbauen: *Deinocheirus*. Er lief auf zwei Beinen, hatte einen langen Schnabel ähnlich einer Ente und einen buckeligen Rücken. Wozu er die Krallen brauchte, weiß man allerdings immer noch nicht.

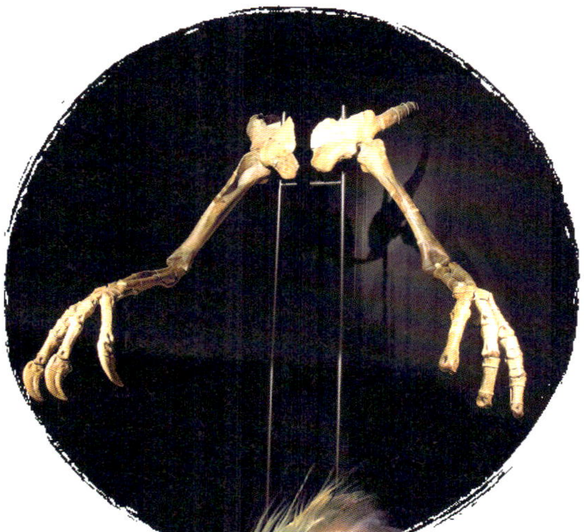

Deinocheirus hatte keine Zähne.

VOM FUNDORT INS MUSEUM

In einer Ecke des Raumes stehen große Holzkisten herum. Es sind die Original-Transportkisten der Tendaguru-Expedition, in denen die gefundenen Dinosaurier-Knochen damals verschifft wurden. Neben der Kiste informieren mehrere Fotos darüber, wie die Knochen ins Museum gekommen sind.

Fossilien werden für den Transport besonders vorbereitet. Jeder einzelne Knochen muss mit einer Schutzhülle umgeben werden, damit er auf seiner langen Reise nicht beschädigt wird. Dazu besprüht man ihn zuerst mit Kleber oder Harz. Das macht ihn etwas härter. Anschließend umwickeln ihn die Wissenschaftler mit Verbänden, die mit Gips bestrichen werden. Erst wenn das Fossil rundherum eingegipst ist, kommt es in die Transportkiste. Mit Auto, Zug, Schiff, Flugzeug oder auch Hubschrauber reisen die Fundstücke dann zu ihrem Bestimmungsort – meist ist das ein Museum.

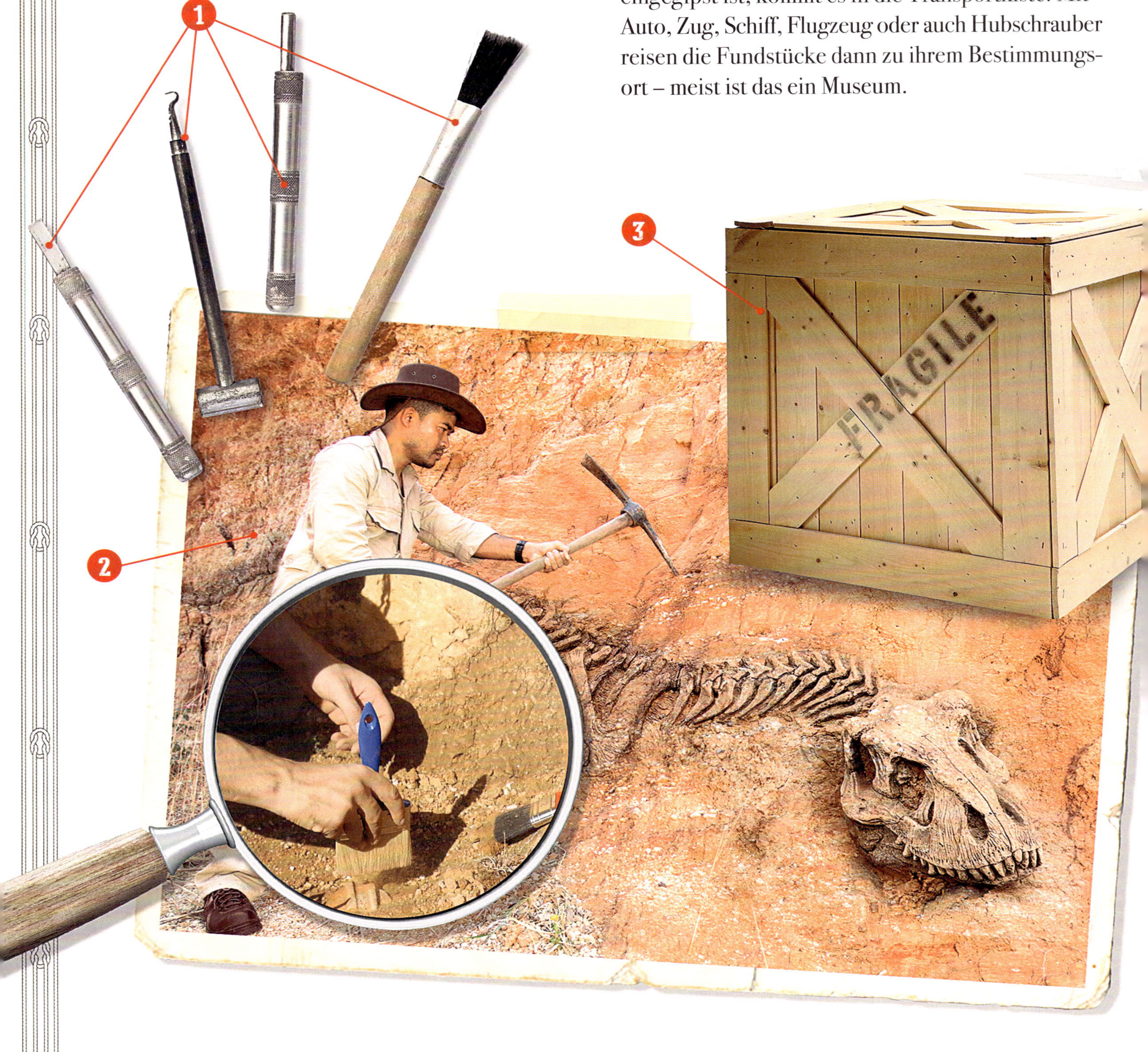

Im Museum öffnen die Wissenschaftler die Kisten und packen die Fossilien aus. Vorsichtig entfernen sie den Gipsverband und säubern jede Versteinerung. Oft müssen sie dabei auch Gesteinsreste vom Knochen entfernen. Für diese Arbeit braucht man sehr viel Fingerspitzengefühl, damit nicht aus Versehen Knochenteile mit abgelöst werden. Deshalb dauert sie sehr lange – manchmal mehrere Tausend Arbeitsstunden. Sind alle Knochen sauber, wird das Skelett wieder zusammengebaut. Zerbrochene Knochen werden geklebt und fehlende Knochen durch Nachbildungen aus Plastik ersetzt.

1 *Werkzeuge für Ausgrabungen*
2 *Am Fundort*
3 *Gut verpackte Fundstücke*
4 *Transport ins Museum*
5 *Feinarbeit am Skelett*
6 *Zusammengesetzte Skelettteile*
7 *Ausstellung im Museum*

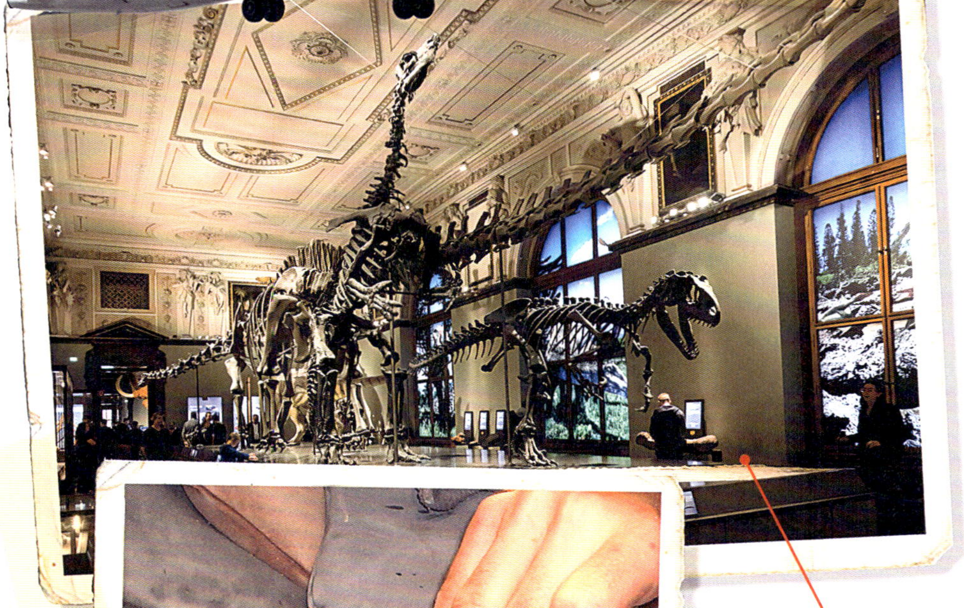

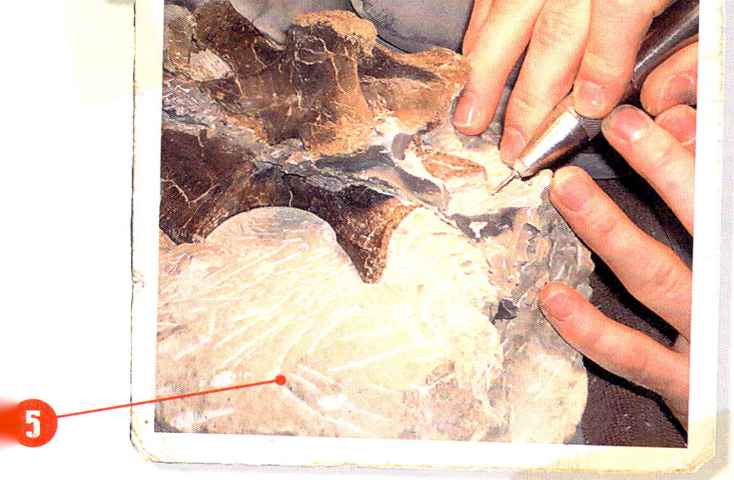

DINOSAURIER-PUZZLE

„Die bauen einen *Parasaurolophus!* Woher wissen Sie denn, welcher Knochen wohin kommt?“, will Enid von einem Mitarbeiter wissen. „Bei diesem Skelett war das nicht so schwer, denn es wurde fast vollständig gefunden. Jeder Knochen hat an der Fundstelle eine Nummer bekommen. In dieser Reihenfolge bauen wir sie jetzt wieder zusammen. Wenn wir wenig Informationen über eine Saurierart haben und nur einzelne Knochenfunde, wird es schon schwieriger. Dann gleicht der Aufbau einem Puzzle-Spiel“, erklärt ihr der Mitarbeiter.

VON SPAZIERGÄNGERN UND SPRINTERN

Wie schnell ein Dinosaurier war, hing unter anderem von seinem Körperbau ab. Die Knochenfunde zeigen, wie sie sich wahrscheinlich fortbewegt haben. Waren sie groß oder klein, liefen sie auf zwei oder vier Beinen, waren sie schwer oder leicht? All dies beeinflusste die Geschwindigkeit der Dinosaurier. Die großen Sauropoden wie *Diplodocus* waren gemächlich unterwegs und legten in der Stunde ungefähr sechs Kilometer zurück. *Stegosaurus* und *Ankylosaurus* schafften in derselben Zeit rund zehn Kilometer. *Tyrannosaurus Rex* war mit 29 Kilometern pro Stunde fast dreimal so schnell, Gleiches gilt für *Allosaurus*. Am schnellsten und ungefähr doppelt so schnell wie der *T-Rex* waren die flinken zweibeinigen Läufer *Velociraptor*, *Compsognathus* und *Gallimimus*. Sie schafften Geschwindigkeiten um die 60 Stundenkilometer.

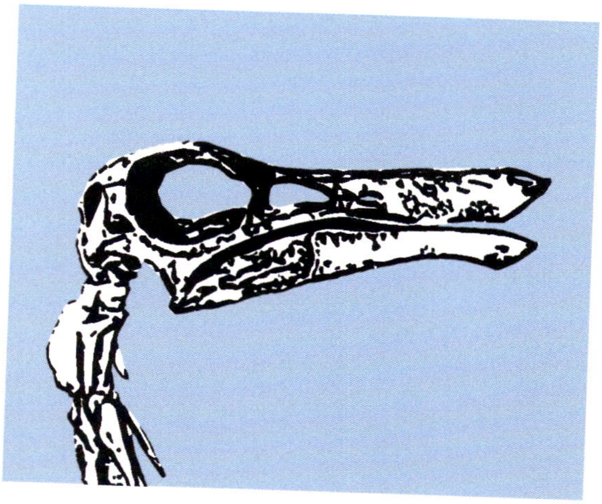

GALLIMIMUS

Nachahmer von Hühnern

LÄNGE: bis zu 6 Meter
NAHRUNG: Insekten, Eier, Pflanzen
LEBENSRAUM: feuchtwarme Flusslandschaften
FUNDGEBIETE: Mongolei

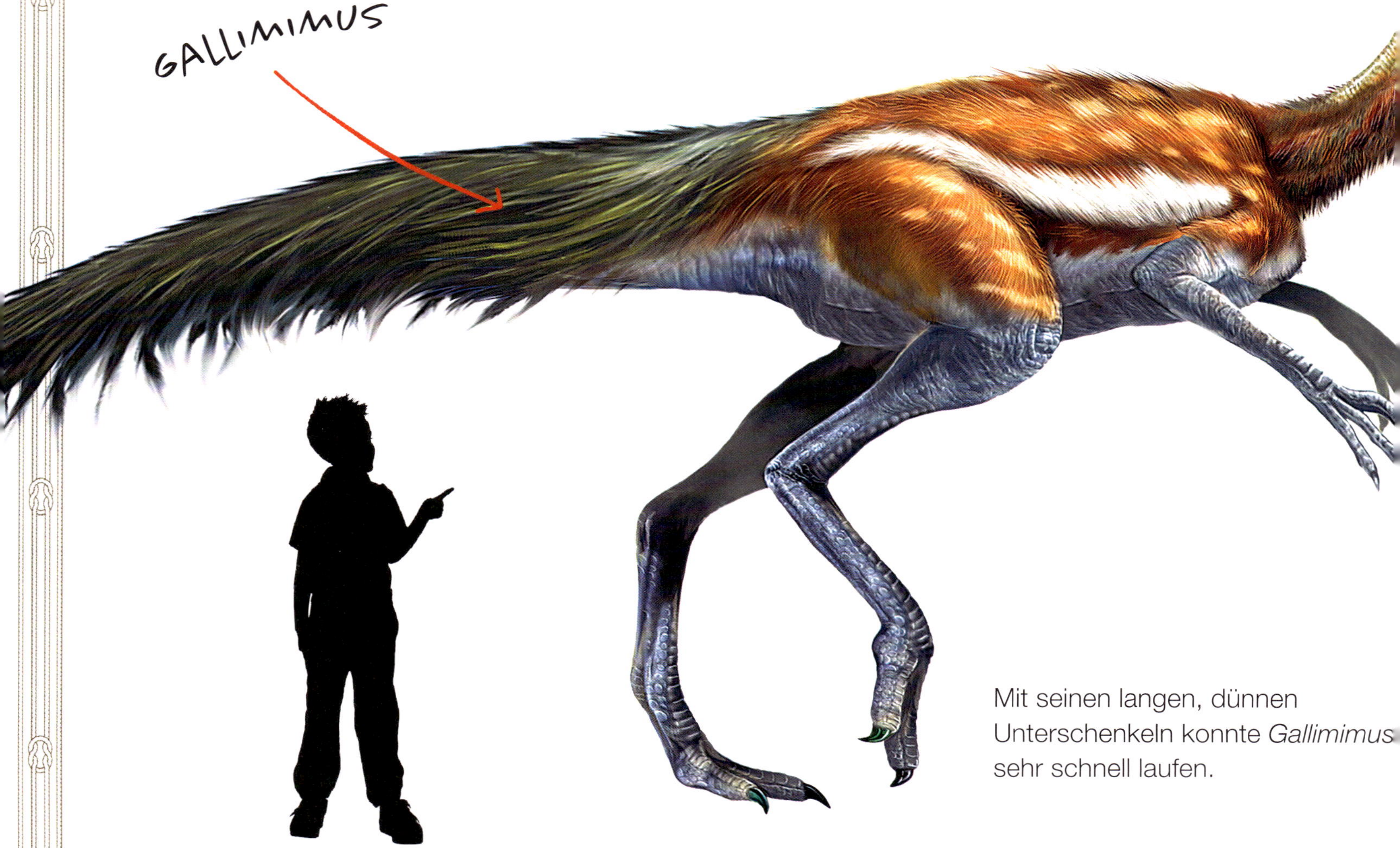

Mit seinen langen, dünnen Unterschenkeln konnte *Gallimimus* sehr schnell laufen.

Wer war schneller?

Als Faustregel gilt: Fleischfresser waren schneller als Pflanzenfresser. Dinosaurier, die auf zwei Beinen liefen, erreichten höhere Geschwindigkeiten als solche, die auf vier Beinen unterwegs waren.

Diplodocus

Ankylosaurus

Stegosaurus

Tyrannosaurus Rex

Compsognathus

Velociraptor

Avimimus

WAREN DINOS DUMM?

Früher glaubte man, Dinosaurier seien nicht besonders schlau. Inzwischen weiß man jedoch, dass einige Arten ziemlich clever waren. Das kann man an der Größe des Gehirns erkennen. Pflanzenfresser wie *Stegosaurus* hatten nur ein sehr kleines Gehirn. Es war etwa so groß wie eine Walnuss. Besonders viel nachdenken musste er auch nicht, denn Pflanzen waren leichte Beute. Ganz anders sah es dagegen bei den Fleischfressern aus. Ihre Gehirne waren größer und sie selbst intelligenter. Das war auch nötig, denn ihre Nahrung war viel schwieriger zu bekommen. Sie mussten ihrer Beute auflauern, den richtigen Zeitpunkt abwarten und sie dann überwältigen. Dazu brauchten sie einen Plan.

Riesenkörper, kleiner Kopf! Dinosaurier galten immer als eher nicht so schlau. Aber es gab auch ziemlich clevere Dinos!

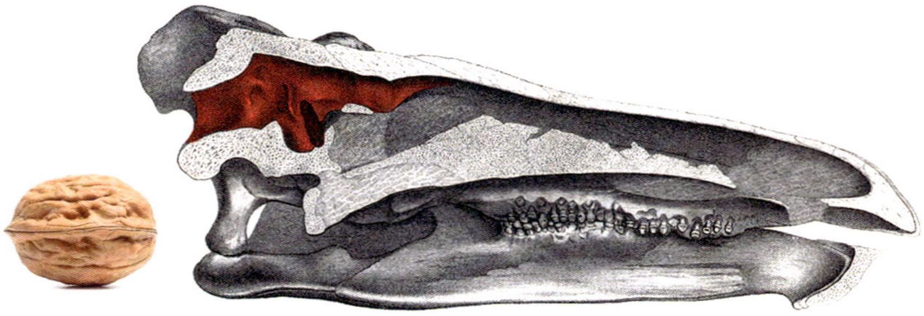

Platz für das Gehirn im Schädel eines *Stegosaurus*, im Verhältnis zur Größe einer Walnuss

RÄTSELHAFTE STEINE

Lange Zeit rätselten Wissenschaftler über Steine, die sie im Magen von Pflanzenfressern gefunden hatten. Man glaubte, dass sie halfen, die Nahrung zu zerkleinern. Ähnlich wie bei Mühlsteinen. Die großen Sauropoden mussten nämlich Unmengen an Pflanzen fressen, um ihre riesigen Körper mit ausreichend Energie zu versorgen. Da Blätter, Nadeln und Halme aber viel weniger Nährstoffe enthalten als Fleisch, verbrachten die Pflanzenfresser der Urzeit viel Zeit mit der Nahrungsaufnahme. Sie mussten fast rund um die Uhr fressen und nahmen dabei jeden Tag bis zu 200 Kilogramm Pflanzen zu sich. Heute denkt man eher, dass die Steine nur aus Versehen gefressen wurden.

Die gewaltigen Dinosaurier passen sogar auf kleine Briefmarken. Aber nur gehörig verkleinert!

DINOSAURIER LEBEN!

Die Dinosaurier beherrschten lange Zeit die Erde. Seit vielen Millionen Jahren sind sie ausgestorben. Man kann ihnen aber trotzdem heute noch begegnen: in Filmen, Büchern oder auch in Museen und Themenparks. Was wäre, wenn Forscher aus alten Dino-Eiern neue lebende Tiere züchten könnten? Das kannst du dir heute in einem Film wie „Jurassic Park" anschauen. Oder du besuchst die Dinos in einem der vielen verschiedenen Parks und Museen. Lebensgroße Nachbildungen und echte Skelette lassen die riesigen Tiere fast lebendig erscheinen und sehr bedrohlich wirken.

So nett und freundlich und rosa! Dieser Dino ist nur ein Spielzeug.

DINOS IN FILMEN UND THEMENPARKS

1 *Der Film* King Kong, *1933*
2 *Der Film* Godzilla, *1954. Hollywood gab ihm sogar einen Stern!!!*
3 *Der Film* Jurassic Park, *1993*
4 *Dinosaurier-Pin*
5 *Sauriernachbildung, Skellville Park, Michigan*

WO FAND MAN DINOSAURIER-ÜBERRESTE?

Überreste von Dinosauriern fand man in vielen Gegenden der Welt. Und es werden immer wieder neue Lagerstätten mit einzelnen Knochen, einem Schädel oder ganzen Skeletten entdeckt! Oftmals gewinnt die Wissenschaft durch neue Funde auch ganz neue Erkenntnisse zur Welt der Dinosaurier. Die Forscher ändern dann bisher gültige Stammbäume oder ordnen neu entdeckte Arten in die vorhandenen Stammbäume ein. Auf dieser Übersichtskarte siehst du die wichtigsten Orte, an denen man Dinosaurier-Überreste gefunden hat. Dazu auch einige Fundstellen von anderen Tieren und Pflanzen aus vorgeschichtlicher Zeit. Tatsächlich gibt es auf der ganzen Welt noch viel mehr solcher Fundorte und, wie gesagt, es kommen immer neue dazu!

NORDAMERIKA

1 Morrison-Formation an den Ausläufern der Rocky Mountains (*Wyoming, Colorado*).
Hunderte gut erhaltene Skelette, darunter ein *Stegosaurus* mit Stacheln, Brachio- und Apatosaurier, *Allosaurus*

2 Hell-Creek-Formation (*Montana, North Dakota, South Dakota, Wyoming*). Bedeutende Lagerstätte von *Triceratops*-Fossilen.

3 Ghost Ranch (*New Mexico*). Fundort von mehr als 1 000 *Coelophysis*-Skeletten.

SÜDAMERIKA

4 Tal des Mondes (*Argentinien*). Mehrere *Eoraptor*-Fossilien.

5 Anacleto-Formation in Auca Mahuevo (*Argentinien*). Mehrere zerbrochene *Saltasaurus*-Eier. Vermutlich ein Nistplatz.

AFRIKA

6 Tendaguru (*Tansania*). Bedeutende Lagerstätte von Fossilien aus dem Jura, unter anderem *Kentrosaurus*.

EUROPA

7 Lourinha (*Portugal*). Überreste eines *Torvosaurus*, einer der größten Landraubsaurier aus dem Oberjura.

8 Isle of Wight (*Großbritannien*). Ausgrabungen von Sauropoden und Theropoden aus der Kreidezeit, darunter *Diplodocus* und *Megalosaurus*.

9 Grube Messel (*Deutschland*). Weltberühmte Fossilienlagerstätte in einem stillgelegten Ölschiefer-Tagebau. Tausende Fossilien von Pflanzen und Tieren der Erdneuzeit wurden dort entdeckt, darunter mehrere frühe Säugetiere wie die Vorfahren unserer Pferde.

10 Solnhofen (*Deutschland*). Im Kalkstein des Steinbruchs fanden sich eine Reihe wertvoller Fossilien des Jura, darunter mehrere Skelette des Urvogels *Archaeopteryx*. Rund um Solnhofen und Eichstätt gibt es weitere Fundorte, zum Beispiel Hienheim und Brunn. In mehreren Steinbrüchen der Gegend können Hobbysammler selbst nach Fossilien suchen.

ASIEN

11 Wüste Gobi (*Mongolei*). Zur Kreidezeit wuchsen dort Wälder, in denen *Velociraptor* Jagd auf Beute machte.

12 Dashanpu-Dinosaurierfundstelle (*China*). Im „Dinosauriersteinbruch" wurden bisher über 40 Tonnen Fossilien ausgegraben, darunter Sauropoden, Theropoden und Stegosaurier.

AUSTRALIEN

13 „Tanzboden der Riesenechsen" (*Westaustralien*). Tausende Fußabdrücke von mindestens 21 verschiedenen Dinosaurierarten. Vermutlich die größte Häufung von Dinosaurierspuren weltweit.

ANTARKTIS

14 James-Ross-Insel. Schwanzwirbel eines *Titanosaurus*.

15 Mount Kirkpatrick. Fünf Dinosaurierskelette aus dem Jura wurden im felsigen Gestein entdeckt.

GLOSSAR und INDEX

Hier findest du einige wichtige Begriffe aus dem Buch.

Ammonit	Eine Gruppe von ausgestorbenen Weichtieren mit spiralförmigem Gehäuse. Die Meereslebewesen lebten im Erdmittelalter.
Amphibien	Gruppe wechselwarmer Wirbeltiere, die als Jungtiere im Wasser aufwachsen und mit Kiemen atmen. Die erwachsenen Tiere leben an Land und atmen mit Lungen.
Archäologe	Wissenschaftler, der die Überreste von alten Kulturen erforscht
Belemnit	Eine Gruppe ausgestorbener Kopffüßer. Sie ähnelten vom Aussehen her heutigen Kalmaren und hatten wie diese zehn Fangarme. Ihre Fossilien werden im Volksmund auch Donnerkeile genannt.
Fossilien	Überreste von Tieren oder Pflanzen, die älter als 10 000 Jahre sind
Ginkgo	Ein Baum mit fächerförmigen Blättern, den es seit dem Erdmittelalter gibt
Jura	Die zweite Periode des Erdmittelalters (201 bis 145 Millionen Jahre)
Känozoikum	Wissenschaftlicher Name der Erdneuzeit. Sie beginnt vor 65 Millionen Jahren und dauert bis heute.
Klima	Das Wetter in einem bestimmten Gebiet der Erde über mehrere Jahre
Kreide	Der dritte Zeitabschnitt des Erdmittelalters (145 bis 65 Millionen Jahre)
Mesozoikum	Wissenschaftlicher Name des Erdmittelalters. Es umfasst die Zeit von 252 bis 65 Millionen Jahre und ist in drei Abschnitte unterteilt.
Trias	Erster Zeitabschnitt des Erdmittelalters (252 bis 201 Millionen Jahre)
Paläozoikum	Wissenschaftlicher Name für das Erdaltertum, das zeitlich vor dem Erdmittelalter lag
Paläontologe	Wissenschaftler, der ausgestorbene Lebensformen untersucht
Palmfarne	Einfach Samenpflanzen mit palmenartigen Blättern, die im Erdmittelalter weit verbreitet waren. Einige Arten gibt es auch heute noch.
Reptilien	Wechselwarme Tiere, deren Körpertemperatur von der Umgebungstemperatur abhängig ist. Sie haben eine schuppige Haut, atmen Luft und legen in der Regel Eier.
Säugetiere	Tiere, die oft Fell tragen und ihre Jungen mit Milch säugen. Sie sind gleichwarm, das heißt, ihre Körpertemperatur schwankt kaum und ist unabhängig von der Außentemperatur.
Schachtelhalm	Pflanze mit Sporen, deren Äste in Ringen um den hohlen Stamm angeordnet sind. Die Pflanze war im Erdmittelalter weit verbreitet und existiert heute auch noch.

Über diesen Index findest du die im Buch vorkommenden Saurier und Erdzeitalter.